군 리더와
병영 상담

The Leader &
Counseling in Military

| 송경재 · 정신영 · 김민종 · 이종형 공저 |

학지사

머/ 리/ 말/

　상담을 공부하는 사람들이 많아지고 있다. 내가 박사과정에서 공부를 하던 시절, 몸과 마음의 치유를 뜻하는 힐링(healing)이라는 말은 임상 · 상담심리 전공자나 종교학 전공자들이 사용하던 전공용어였다. 그런데 지금은 전 국민의 일상용어가 되었다. 사람들이 살기가 힘든가 보다.

　일반사회를 넘어 지금은 군대에서도 상담을 필요로 하고 있다. 그 어느 때보다도 절실해 보인다. 내가 심리학을 전공하고, 상담을 공부하려고 할 때, 어느 누구도 내 전공에 관심을 갖지 않았다. 그러나 지금은 "어떻게 그렇게 좋은 학문을 공부했니?"라는 말을 많이 듣고 산다.

　2001년만 해도 육군3사관학교에서 심리학과는 전공학과가 아닌 교양학과였다. 2002년부터 전공 생도를 받기 시작했고, 이후 상담심리학과로 전공 명칭을 바꾸었다. 이제는 육군3사관학교 전 생도를 대상으로 한 2학점 필수과목 '군 상담기법'이 개설되었다. 이 책이 만들어진 계기다.

　그동안 '군 상담'을 연구하는 학회도 여럿 생겨났다. 군 상담을 공부하는 사람들이 지금까지 해결하지 못하는 여러 문제 중 하나는 '이중관계'의 딜레마다. 용사들을 직접적으로 관리하는 초급 리더(중·소대장 및 부사관)가 상담자 역할을 해야 하는데, 상담자-내담자의 수평적 관계가 지휘관-부하의 수직적 관계와 상충하는 것이다. 또 다른 문제는 전문성의 문제다. 심리상담은 분명 전문가 영역인데, 야전 초급 리더들이 상담 전문가일 수 없다는 것이다.

물론 이런 문제를 해결하기 위해 국방부에서는 '병영생활 전문 상담관'을 전방사단 연대급 부대당 한 명씩 채용하고 있다. 하지만 턱없이 부족하다. 그들은 자기 사비를 털어가며 예하부대를 다니고 있다. 간혹 학회에서 병영생활 전문상담관들의 노고를 듣게 되는데, 대부분 눈물 없이 듣기 어려운 이야기다.

여러 학회에서는 군 간부들을 대상으로 한 교육 프로그램을 개설한다. 매우 알차고 양질의 교육 프로그램이 많다. 학회 입장에서는 군 간부들이 상담 교육을 받아 상담 역량을 키울 수 있는 좋은 기회를 제공하는 것이다. 하지만 군 간부들이 교육을 받기 위해 군 생활을 하면서 며칠 쓰지도 못하는 휴가를 사용하기도 어려운 실정이고, 비용 또한 만만치 않다. 정작 교육하는 곳에 가 보면 군인은 없고 상담을 공부하는 대학원 선생님들뿐이다.

각 부대에서는 초급 리더들을 대상으로 한 상담기법 교육을 많이 마련하고 있다. 그만큼 군 상담의 필요성이 절실하다는 것이다. 그러나 일회성으로 그치기 쉽고, 특강 형식으로 진행되는 경우가 대부분이다. 그들이 임무를 수행하면서 상담 수련까지 받는 것은 명백히 어려운 일이다.

　'군 상담', 참 어렵다.

　나를 상담 공부의 길로 이끄신 지도교수님은 이런 이야기를 종
종 들려주셨다. 한 아이와 엄마의 대화다.

　"엄마, 엄마는 조리사 자격증이 있어요?"
　"아니."
　"그럼 저는 지금까지 조리사 자격증도 없는 사람이 해 준 밥을
먹었단 말인가요?"

　당신이 엄마였다면 저 아이를 어떻게 할 것인가?
　당장 굶겼을 것이다.
　아이가 아파서 열이 나면, 우리 어머니들은 찬물로 수건을 적셔
이마에 올려 열을 내려 주신다. 배가 아프면 배를 쓰다듬어 주신
다. 그러면 신기하게도 열은 내리고 아픈 배도 편안해진다.
　우리 어머니들은 의사도, 약사도, 간호사도 아니셨다.
　"인간은 최소한 한 사람이라도 자기 자신을 잘 이해하고 받아
준다는 느낌을 가져야 자신이 속한 환경에서 충만한 삶을 살아갈
수 있다."라고 한다. 폴 트루니에(P. Tournier)라는 정신과 의사가
한 말이다. 내가 힘들고 외롭고 억울하고 화가 날 때, 단 한 사람
만이라도 나를 이해해 주고 심정을 어루만져 줄 수 있다면, 우리

는 그 힘든 과정을 이겨 낼 수 있다. 반대로 친하고 가까운 사람들 간에도 의사소통이 원활하지 않으면 속상하고 관계가 멀어진다. 즉, 관계의 핵심은 말하고 듣는 것이다.

중대급 야전부대에는 이런 말이 있다. "중대장은 아버지시고, 행정보급관은 어머니시며, 소대장은 형님이고 전우들은 형제다." 물론 아버지, 어머니, 형제, 자매라 해서 모든 위안이 되지는 못하겠지만, 그래도 가족이다. 중요한 사람들(significant others)이다. 가족주의가 강한 우리나라 문화에서 가족만큼 위안이 되는 사람은 없다. 즉, 부대원 중 단 한 명이라도 내 심정을 이해해 줄 수 있다면, 병영은 가족이 되고 충만해질 수 있다.

병영생활에서 진정한 상담자는 중대장, 소대장, 행정보급관, 부소대장, 전우들이 될 수 있다. 조리사 자격증 없이도 그리운 음식을 만들어 주신 어머니처럼 전문적이지 않더라도 그들의 의사소통 방법만 촉진적이고 조력적으로 바꿀 수 있다면, 어느 한 구석에 힘든 마음을 널 수 있는 병영환경을 만들기는 어렵지 않다.

대부분의 상담 관련 책들이 비슷비슷한 공감과 소통을 이야기한다. 이 책도 마찬가지다. 하지만 '이 교재는 군대라는 환경에서 맺는 특수한 관계를 인정하고, 구성원들의 학문적 비전문성을 받아들이려고 노력하였다.' 적어도 이 교재를 만든 사람들의 심정(心情)이 그러하다는 것이다.

이 책의 구성은 다음과 같다. 제1부는 '군 상담의 이해'다. 군대 문화와 군 상담을 개관하고, 군 리더들이 잘못 이해하기 쉬운 상담에 대한 오해와 오류를 설명하였다. 제2부는 '군 리더가 알아야 할 상담 기술'이다. 심리검사를 이해하고 결과를 상담에 활용하는 방법을 설명하였다. 또한 상담적 의사소통 기술을 '듣기 기술과 말하기 기술'로 나누어 제시하였다. 제3부는 '자살 예방 활동'이다. 자살이라는 무서운 주제에 대해, 초급 간부들의 입장에서 이해하기 쉽고 적용하기 쉬우면서도 가장 핵심적인 내용으로 설명하였다.

이 교재는 상담에 대한 거리감을 의사소통으로 좁힘으로써 적용할 수 있는 구성원의 범위를 확대시키고자 노력하였고, 임관하고 야전으로 나가는 모든 초급 간부가 용사들에게 위안과 힘이 되어 주길 바라는 마음을 담은, 상담의 기초적이고 기본적인 교재다.

이 책이 출간될 수 있도록 도움을 주신 학지사 김진환 사장님, 이규환 과장님, 강대건 편집자님께 감사한 마음을 전한다. 아무쪼록 이 교재가 야전으로 첫 발을 내딛는 초급 간부들에게 작은 등불이 되고, 더불어 군사학과, 부사관과, 전문사관과의 병영 상담 수업에 효율적으로 활용될 수 있는 자료가 되길 기도한다.

2016년 2월
충성대 문무관에서
저자 대표 송경재

차례

제**1**부

군 상담의 이해

들어가며……

군은 평시 전쟁을 억제하고 준비하며, 유사시 강력한 전투력으로 국민의 생명과 재산을 지켜야 하는 무력사용의 주체다. 당연히 군의 소속원인 군인들은 극한 상황에서 일사불란한 지휘체계를 유지하기 위해 지금 이 순간에도 부단히 노력하고 있다.

대부분이 청소년인 병사들은 자신의 정체성도 제대로 확립하지 못한 상태에서 입대하게 되며, 가정이라는 안정되고 익숙한 환경에서 벗어나 전혀 다른 환경적 요소를 지닌 곳에서 문화적 충격을 받으며 군 생활에 적응해 나간다.

군 상담이란 이러한 군의 특수성과 신세대 장병들의 특성 그리고 그들이 기본적으로 지니고 있는 심리적인 불안감 등을 고려하고, 내담자인 부하들의 인간적인 성장과 그들이 지니고 있는 문제를 직접적으로 해결하기 위한 목표를 달성하기 위해 진행된다.

군 장면에서 진행되는 상담은 일반 상담과는 달리 많은 제한점과 한계를 지닌다. 그렇기에 진솔성, 무조건적 긍정적 존중, 공감적 이해 등의 군 상담자(리더)의 자질은 무엇보다 중요하다.

이 장에서는 군대 문화의 특징인 군이란 조직과 신세대 병사의 특성을 알아보고, 그에 따른 군 상담의 특성·목표·필요성 그리고 군 상담자(리더)의 역할과 자질에 대해서도 살펴보겠다. 또한, 군의 리더들이 부하들과의 상담장면에서 자주 범하게 되는 오류를 통해 실제 야전 상담장면에서 어떻게 대처하는 것이 효과적인지도 소개하려고 한다.

제 **1** 장
군대 문화의 특징

1. 군 조직의 특성

출처: 영화 〈위 워 솔져스〉

군은 외부의 군사적 위협과 침략으로부터 국가를 방위하기 위해 존재하는 조직으로서 일반사회와는 차별화된 특성을 지니고 있다. 따라서 조직의 구성원들은 임무 완수에 대한 사명감과 책임의식이 필요하고, 조직의 공동 목표를 달성하기 위해 상관의 명령이나 지시에 절대적인 복종을 해야 한다. 특히 전쟁을 대비해야 하는 특수한 임무를 지니고 있으므로 늘 불확실한 미래 상황을 준비해야 하고, 부대원들은 극한 상황에서 일사불란한 지휘체계를 유지하기 위해 희생정신과 강한 전우애, 단결심, 공동체 의식 등을 함양해야 한다.

한편 이러한 군 조직의 특수성은 최근 입대하고 있는 신세대 장병들의 가치관과 상충하는 부분이 있어서 여러 부작용을 낳기도 한다. 그렇다면 구체적으로 군 조직의 환경은 어떠한 특성을 보이고 있는지 살펴보도록 하자.

첫째, 군 조직은 계급을 중시하는 위계적 서열을 강조한다. 군의 위계성은 명확한 지휘체계를 확립하고, 개인별 임무 분담을 분명하게 제시할 수 있다는 점에서 유용하다. 그러나 조직의 위계성이 강해지면 구성원 개인의 자율성은 상대적으로 약화될 수 있다. 집단의 가치를 중요하게 여기는 군 조직에서 개인은 무조건적인 희생을 강요당할 수 있는 소지가 있고 상급자에 대한 절대적인 복종과 서열을 지나치게 강조하다 보면 불합리한 관행이나 사생활 침해 등의 현상이 발생할 수 있기 때문이다.

둘째, 장병들이 소속되어 있는 군부대는 일반사회로부터 분리되어 있다. 즉, 부대원들은 군 복무 기간 동안 부모, 형제, 친구 등과 떨어져 지내야만 하고 부대원들과 단체생활을 해야만 한다. 이렇게 외부 생활과 차단된 환경은 부대원들에게 답답함, 권태로움, 외로움 등을 유발할 수 있다. 실제로 일부 병사들은 이러한 환경적 특성으로 인해 복무 염증을 느끼거나 부적응을 경험하기도 한다. 또한, 대인관계에 어려움을 느끼는 병사들의 경우 단체생활에 대한 부적응을 호소하지만 적절한 지지원(가족, 친구 등)이 없어서 이중고에 시달리기도 한다.

셋째, 군 조직은 엄격한 규율과 통제로 운영된다. 군의 통제 시스템은 군에서 요구하는 행동과 가치관을 형성하는 데 필요한 제도다. 그러나 통제된 환경으로 인해 개인의 사생활이 보장되기 어려울 수 있고, 입대 전의 생활방식을 새로운 환경에 맞게 변화시켜야만 한다. 이러한 변화과정에서 장병들은 부적응을 호소할 수 있다. 또한, 통제가 강화되면 개인의 행동 동기는 수동−의존적인 방향으로 변화될 수 있기 때문에 복무 염증을 유발할 수도 있다.

넷째, 군 임무의 특수성으로 인해 각급 부대는 격오지(외진 곳)에 위치해 있는 부대가 많다. 예를 들어, 전방 GOP, 해안, 강안, 섬 등 인적이 드물고 고립되어 있는 지역에서 임무를 수행하는 부대 및 부대원들이 있다. 따라서 주거환경이나 생활환경, 근무여건 면에서

열악할 수 밖에 없다. 이에 따라 최근 군에서는 전방 지역에 생활
관을 신설하고, 식당을 개선하며 근무 초소를 보수하는 등 지속적
인 병영환경을 개선하는 정책을 추진하고 있으며, 점차 장병들의
복무 여건이 개선되고 있다.

다섯째, 군 조직의 주요 구성원인 병사들은 비자발적인 동기(의무복
무)로 입대한다. 따라서 일반 기업이나 다른 조직에 비해 구성원들
의 근무 의욕 수준이 낮을 수밖에 없다. 20대 초반의 혈기왕성한
청년들이 통제된 군 생활에 적응하는 것은 쉬운 일이 아니다. 특
히 군 간부 입장에서는 비자발적 특성을 지닌 병사들을 지휘하고
관리하는 것이 여간 어려운 과제가 아닐 수 없다. 따라서 리더가
이들을 어떻게 효과적으로 동기부여할 것인지 여부가 병력 관리
의 핵심이며 이들의 복무 동기가 강화될수록 군의 전투력 수준도
높아질 것이다.

2. 신세대 병사의 특성

군에서 상담자의 도움이 필요한 내담자들은 누구이며 주로 어
떠한 특성을 보이고 있는지를 이해하는 것은 상담의 성과를 달성
하는 것에 있어서 매우 중요하다. 군 상담에서 내담자는 주로 20대
초반의 병사들이 대다수를 구성하므로 상담자는 이들의 특성을

잘 파악해야 한다.

첫째, 이들은 고도의 경제성장과 풍요로운 환경, 핵가족화된 환경에서 자라왔기 때문에 개인주의적 성향이 강하고 힘든 일을 싫어하는 경향이 있다. 이러한 특성은 군대 내에서 주로 인내심을 요구하는 강도 높은 훈련과 경계 근무 등에 어려움을 가중하는 원인이 되기도 한다. 또한, 이들의 개인주의적 성향은 조직의 단결과 화합을 저해할 우려가 있고 솔직한 의사 표현은 상대방의 감정을 자극하여 타인과의 갈등을 유발할 수 있다.

둘째, 스마트폰 세대인 이들은 직접적인 대인관계보다 소셜 네트워크라는 가상의 공간에서 관계를 맺고 정보를 공유하는 것에 익숙하다. 따라서 집단 생활을 기본으로 하는 군대 장면에서 효과적으로 의사소통하고 대인관계를 맺는 것이 어려울 수 있다. 실제로 군 장병 중에는 대인관계 갈등으로 군 생활 부적응을 경험하는 인원이 많다. 또한, 인터넷과 스마트폰에 익숙해진 세대이므로 군 복무 기간 동안 이러한 첨단 정보기기를 사용하지 못하게 되면 사회와의 단절감과 고립감을 느끼거나 문화 차이에서 오는 불안감으로 군 생활 적응에 어려움을 느낄 수도 있다.

셋째, 신세대는 자율성과 개성을 추구하는 경향이 있으며, 자신의 가치에 부합된다고 지각할 때 일을 추진하는 특성이 있다. 이러한 특성은 조직의 공동 목표와 수직적 위계질서를 강조하는 군대 문화에 불만과 거부감을 느끼게 하여 조직에 쉽게 동화되지 못하게 하는 요인이 되기도 한다. 또한 이들은 자유분방한 사고방식과 생활 태도로 인해 조직이 정한 규범이나 규율, 통제를 벗어나려는 경향이 있다.

이러한 신세대 병사들의 특성 중 '긍정적 감정'은 다음과 같다.

첫째, 신세대는 자부심이 강해 하고자 하는 일에 합리성과 당위성이 느껴지면 능동적으로 업무에 임하고, 기존의 관행이나 틀에 얽매이기보다는 창의적인 방식으로 일을 추진하는 경향이 있다. 그래서 리더에 의한 무조건적인 지시보다는 임무를 수행해야 하는 구체적인 이유와 부하의 역량을 최대한 이끌어 내고자 하는 동기부여가 더욱 효과적이다.

둘째, 교육 수준의 향상으로 전문적인 지식과 기술을 갖춘 사람이 많다. 특히 대학과정에서 다양한 전공과 지식을 습득하고 입대한 자원들이 많이 있으므로 군에서 개인의 능력과 적성에 부합하는 보직을 부여할 수 있다는 장점이 있다. 또한, 군에서 운용하는 첨단 장비나 기기들을 다루는 데서도 습득 능력이 뛰어나 일정한 교육을 받는다면 매우 우수하게 임무를 수행할 수 있는 자질을 갖추고 있다.

셋째, 신세대의 솔직하고 개방적인 성향은 조직이 당면한 문제점들을 신속히 건의하고 해결하는 데 도움이 될 수 있다. 특히 이들은 개방적 의사소통을 통해 적극적으로 의견을 건의하고 이를 수렴하며 이전보다 창의적이고 합리적인 방식으로 일을 추진해 나가려는 경향이 있으므로 조직의 문화를 유연하게 만들고 긍정적 방향으로 변화하는 데 중추적 역할을 담당할 수 있다.

군 리더들은 이러한 신세대 장병들의 긍정적 강점을 이해하여 그들 내면의 잠재력을 충분히 발휘할 수 있도록 도와야 한다.

【생각해 봅시다!】 지휘관과 리더

　　지휘관은 임명되는 군 조직상의 직책이다. 그러므로 그는 자기의 권한을 갖고 명령이나 지시를 통하여 조직을 움직이며 목적을 위하여 부하들을 그 밑에 종속시킨다.

　　그러나 리더는 계급과 직책에는 관계없이 그의 능력이나 인품 등이 다른 구성원보다 우월하기 때문에 구성원에게 가장 큰 영향력을 발휘하여 직책이나 계급에 관계없이 실제로 그 조직체를 이끌어 나가는 역할을 맡은 자다. 그는 임명되지도 않고 또 어떤 법제상의 권한도 가지고 있지 않으나 구성원의 복지를 위하여 노력하는 자다.

※ 지휘관과 리더의 개념 구분

구 분	지 휘 관	리 더
판단 태도	결과만 중시	과정과 결과를 중시
집단 발전	보스적 지배로서 존속 발전	인간관계를 통해 발전
목표 설정	창립 시의 목표 중시	성원의 반응 고려
복지면	개인의 복지보다 집단목표 중시	집단 번영과 성원복지 중시
목표와의 관계	성원을 조직목적에 종속	성원 계발과 함께 조직목적 달성
기 타	직위	활동

출처: 육군본부(2003).

제**2**장
군 상담이란 무엇인가

1. 일반 상담과 군 상담의 차이

'상담이란 무엇인가?'란 질문에 대해서 많은 학자가 각자의 이론적 관점과 경험에 입각하여 다양한 정의를 내리고 있다. 인간중심이론의 창시자인 Carl Rogers(1952)는 상담이란 "상담자와 내담자의 관계에서 내담자가 과거에 부정했던 경험을 재통합하여 새로운 자기로 변화하는 과정"이라고 정의하였다.

이장호(2005)는 "도움을 필요로 하는 사람(내담자)이 전문적 훈련을 받은 사람(상담자)과의 대면관계에서 생활과제의 해결과 사고, 행동, 정서 측면의 인간적 성장을 위해 노력하는 학습과정"이라고 하였고, 홍경자(2008)는 "내담자가 상담자와의 관계에서 촉진적인 의사소통을 통하여 개인적인 문제에 대한 자기이해와 자기지도력을 터득하도록 도와주는 과정"이라고 정의하였다. 즉, 상담이란 전문훈련을 받은 상담자와 심리적 어려움을 가지고 있는 내담자 간의 상호작용을 통해 내담자의 사고, 감정, 행동의 변화를 촉진해 생활 과정상의 문제를 해결하고, 궁극적으로는 내담자 스스로의 인간적 성장을 돕는 과정이라고 할 수 있다. 여기서 전문적인 훈련을 받은 사람을 '상담자(counselor)', 도움이 필요한 사람을 '내담자(client)'라고 한다.

이상을 종합하면 일반적인 상담에서의 상담자는 전문훈련을 받은 인력이며 상담자는 내담자의 성장을 돕기 위한 조력자 또는 촉진자로서의 역할을 하게 된다. 또한, 대면관계에서 이루어지는 상담과정은 내담자의 변화를 위한 촉진적 의사소통과정이고, 특히 상담은 특별한 기술 없이 어떤 문제에 대하여 단순히 이야기를 나누거나 정보를 주고받는 면담과는 다르므로 상담자는 면담보다 더 치료적 접근과 전문적인 지도 활동으로서의 역할을 수행한다.

한편 이 책에서 중점적으로 다룰 군 상담은 여러 면에서 일반 상담과는 구분된다. 왜냐하면 군대라는 환경의 특수성, 군 상담자의 역할, 내담자의 특성과 가지고 있는 문제의 유형, 상담의 목적 등이 일반 상담에서 다루고 있는 내용과 다르기 때문이다. 따라서 군 상담은 일반 상담과 다른 차원에서 정의되고 있다. 이장호

(2005)는 군 상담을 "국가 방위라는 특수 임무를 수행하고, 엄격한 위계질서 속에서 자유로운 사적 생활의 제약을 받는 등 특수성을 갖는 군대사회에서 야기되는 구성원들의 갈등과 고민을 해결해 주기 위하여 각 군의 교육기관 및 각급 부대에서 이루어지는 상담 과정"으로 정의하였고, 김완일(2008)은 군 상담이란 "군대 장면에서 상담교육을 받은 상관이 부하와의 관계에서 전문적인 조력 활동을 통해 부하로 하여금 스스로 문제 해결을 하도록 돕는 과정"이라고 정의하였다. 즉, 군 환경에서 내담자인 병사들이 경험하는 어려움의 종류와 다양한 문제의 형태가 일반사회에서 내담자들이 경험하고 있는 것과 다르므로 이에 대한 상담의 접근 방법도 차별화할 필요가 있다.

2. 군 상담의 의미와 특성

육군 리더십센터에서는 군 상담에 대해 다음과 같이 정의하였다.

첫째, 군 상담이란 상담자가 문제를 가지고 있는 내담자를 대상으로 촉진적 의사소통을 통해서 내담자 스스로 문제를 해결할 수 있는 힘과 능력을 가질 수 있도록 도와주는 과정이다.

둘째, 다양한 문화 여건에서 생활하고 있는 부하들 가운데 자신의 심리적 갈등이나 어려움 때문에 능력을 보유하고도 맡은 바 업무를 효과적으로 수행할 수 없을 때 상담자가 문제의 핵심을 파악하여 해결 방안을 찾아 도와주는 과정이다.

이러한 개념을 살펴보면 군 상담은 촉진적 의사소통을 통한 내담자의 인간적 성장과 성숙을 목표로 한다는 점, 내담자의 문제를 이해하고 이를 해결해 나가는 과정에 함께 참여한다는 점에서 일반 상담과 다르지 않다. 그러나 군 상담은 상담자의 역할과 기능, 상담자와 내담자의 관계, 내담자의 기본 특성, 환경적 특수성, 상담 기간이나 장소, 문제 해결 방법 등에 있어 차별화되며, 다음과 같은 몇 가지 특성이 있다.

첫째, 군 상담 활동의 궁극적인 목적은 병력을 효율적으로 관리하여 전투력 향상에 기여하는 것이다. 즉, 상담은 그 자체가 목적이 아니라 리더십 발휘과정의 부분적 요소로서 기능하는 영역이다. 따라서 리더는 상담 활동 자체뿐 아니라 내담자의 문제를 해결하는 것을 돕기 위해 자신의 능력 범위 내에서 가용한 지휘 조치를 하는 활동을 수행해야 한다. 부하들의 심리적 문제를 해결하여 궁극적으로 개인과 집단의 잠재력을 발휘할 수 있도록 해야 하고 이를 통해 군대의 전투력 향상에 기여해야 한다. 이는 군 리더의 의무다.

둘째, 상담자와 내담자의 관계가 기본적으로 이중관계다. 군 상담자는 내담자의 직속 상관이면서 관리자고 상담자로서 역할을 한다. 상담자와 내담자의 상대적 위치가 수평적인 관계가 아니므로 상담자의 권위가 상담의 성과에 영향을 미칠 수 있다. 군 상담에서 주로 내담자인 병사들은 대부분 상담자의 부하이거나 상담자보다 계급이나 서열이 낮다. 즉, 상담자와 내담자의 관계는 상하관계 또는 평가자와 피평가자의 관계다. 따라서 상담 장면에서 인간적이고 친밀한 관계를 형성하는 것이 제한적일 수 있으며, 자칫 상담이 상호작용이 아닌 한 방향으로 흘러갈 수 있다.

셋째, 군 환경은 단체생활 영위, 엄격한 위계질서와 규율 강조, 반복적인 생활방식, 특수한 임무부여, 비상대기 상황 등 특수한 환경과 그에 따른 개인의 역할이 부여되며 성장환경이 다른 구성원들이 모여서 공동 생활과 조직의 공동 목표를 추구한다. 따라서 내담자들이 호소하는 문제들은 특수한 환경적 스트레스 요인에서 기인하는 경우가 많다.

넷째, 비밀보장의 한계다. 군에서는 보고체계가 관례화되어 있고, 병력을 관리하기 위해서 불가피하게 비밀이 보장되는 것이 어려울 수 있다. 가령, 특정 병사와의 상담 내용이나 행동관찰 일지, 검사 결과 등을 자신의 상급자에게 보고하여 적절한 지휘 조치를 받아야 하며, 보다 경험이 많고 전문성이 있는 다른 전문가(정신과 군의관, 병영생활 전문상담관, 군종장교)와 공유해야 하기도 한다. 따라서 완전한 비밀보장이 어려울 수 있다. 다만, 반드시 보고하거나 공유해야 할 필요성이 있다고 판단되는 내용 이외에는 비밀보장의 원칙을 준수하는 것이 바람직하며 이러한 원칙과 한계 상황에 대해서 내담자에게 알려 줄 필요가 있다.

다섯째, 내담자인 병사들은 대부분 상담에 비자발적인 동기 수준을 가지고 있다. 이들은 상담이란 어떤 심각한 문제가 있어야만 받는 것으로 인식하고 있거나 혹은 자신이 상담을 받으면 주변 동료나 선임들이 문제 병사로 낙인찍을까 봐 두려워한다. 상담의 효과에 대해서 의구심을 가지는 경우도 많다. 따라서 군 상담자는 비자발적 동기로 상담을 진행하는 내담자를 효과적으로 다룰 수 있는 방법에 대해 학습해야 한다.

여섯째, 군 상담의 상담기간은 대체로 단기상담이다. 물론 고위험군에 속하는 병사들의 경우 장기상담을 진행하는 경우도 있다. 그러나 군 리더는 최소 수십 명 이상의 부하를 관리해야 하므로 모든 병사를 정기적으로 오랜 기간에 걸쳐 상담하는 것이 현실적으로 어렵다. 따라서 군 상담자는 상담 전략을 세울 때 선택과 집중을 해야 할 필요가 있다. 즉, 부하 중 심각한 부적응을 경험하고 있거나 사고 우려가 있는 인원들을 중점적으로 관리해야 할 대상으로 분류하고 이들에 대해서는 정기적인 장기상담을 통해 생활상의 적응과 문제 해결에 초점을 맞추어야 할 것이다.

3. 군 상담의 목표

군 상담의 목표는 일반 상담의 목표인 내담자의 생활상 적응, 인간적 성장, 문제 해결 능력 증진, 건설적 변화 등에 있어서는 차이점이 없다. 그러나 군대 장면에서의 특수성을 고려했을 때, 군 상담의 목표를 분명하게 초점화할 필요가 있다. 육군본부 안전관리과에서 제작한 『초급 간부용 상담 길라잡이』 책자에서는 군 상담의 목표를 부대 전입병사의 조기 적응, 부하 개인의 고민 해결, 임무수행 과정에서 나타나는 문제 해결 등으로 제시하였다. 특히 병사들의 부적응 요인을 도출하여 이를 해결하기 위한 다양한 방안을 모색하고, 부대생활에 잘 적응할 수 있도록 돕는 적극적인 조치를 취하는 것이 매우 중요하다.

이에 따르면 군 상담의 목표는 두 가지 측면에서 살펴볼 수 있다. 즉, 내담자의 인간적 성장에 초점을 맞춘 접근이 있고, 직접적인 문제 해결을 통해 적응을 유도하는 접근이 있다.

첫째, 내담자의 인간적 성장에 초점을 맞춘 목표를 살펴보자. 내담자의 성장을 촉진하기 위해서는 상담자가 내담자와 어떠한 관계를 맺는지가 매우 중요하며 내담자가 상담에서의 새로운 학습 경험을 통해 자기 이해의 폭을 넓히는 것이 필요하다. 군에서 심리적 문제를 호소하고 부적응을 경험하는 병사 중 상당수는 단체생활에 대한 불편함과 대인관계 갈등, 업무 미숙, 통제된 환경에 대한 답답함과 무기력감, 사회와 단절된 환경에 대한 고립감 등으로 힘들어한다. 이들은 주로 외부 환경이나 주변 사람들을 불신하고 불합리한 처우 때문에 자신이 고통을 받는다고 인식한다. 즉, 자신이 원하지 않는 곳에 비자발적 동기로 입대하였기 때문에 외부 환경에 압도되어 자기통제력을 잃어버리는 것이다. 이런 부적응 병사는 주변에 아무도 자신을 진심으로 이해해 주는 사람이 없다고 느낄 때 좌절감과 소외감을 받기 때문에 제때에 절실한 도움이 필요하다. 따라서 상담자는 내담자에게 관심을 두고 그들의 이야기를 경청해 내담자에게 자기와 타인 그리고 주변 환경에 대한 새로운 조망을 갖게 해야 한다. 다시 말해 내담자가 경험하는 특징적인 대인관계의 양식, 역기능적인 신념과 행동패턴 등을 알아차리고 더욱 적응적인 방식으로 생활할 수 있도록 촉구해야 한다. 부적응 병사들이 자신을 더 깊이 이해하고 주변 사람들이나 환경 자체가 문제의 원인이 아님을 이해하게 되면 긍정적 변화가 일어날 수 있기 때문이다.

둘째, 내담자의 문제를 직접 해결하려는 노력도 중요하다. 군 상담에서 상담자는 상담자로서의 역할뿐만 아니라 관리자로서의 역할도 병행해야 한다. 즉, 일반 상담자와는 달리 군 상담자는 제한된

범위 내에서 자신의 지휘권을 행사하여 내담자의 문제에 대해 즉
각 조치하거나 특정 환경을 변화시킬 수 있다. 가령 단체생활에서
선임병의 괴롭힘이나 인격 모독, 왕따 행위, 폭언 및 욕설 등으로
고통받는 내담자가 있다고 가정해 보자. 만약 이 병사가 선임병
의 괴롭힘을 받고 있다는 사실을 상담자(간부)가 알게 된 경우, 분
대 혹은 생활관 편성을 조정하여 문제를 해결할 수도 있고, 상급
지휘관에게 건의하여 가해자 징계를 통해 내담자 주변에서 가해
자를 분리할 수도 있다. 만일 임무수행 과정에서 적응하지 못하
는 병사가 있다면 이들의 적성에 맞는 보직으로 조정하여 적응을
유도할 수도 있을 것이다. 개인의 성격 문제 등으로 부대적응에
어려움을 겪는 병사들의 경우, 비전캠프 입소나 전문가 상담, 정
신과 진료 등을 의뢰할 수도 있다. 이처럼 군 상담에서는 단기적
차원에서의 현실적이고 즉각적인 조치도 필요하다. 이는 개별 병
사들이 국가 방위라는 특수임무를 수행하고 있으며, 이들이 부대
생활에 잘 적응하는 것이 곧 전투력 발휘의 핵심 요소이기 때문
이다.

4. 군 상담의 필요성

최근 군대 장면에서 상담의 수요가 급격하게 증가하면서 병영
생활 전문상담관 제도가 설립되고, 전문상담관의 수도 계속해서

증가하는 추세에 있다. 또한, 지역 전문가 등과 연계한 상담지원, 군 간부들을 대상으로 한 상담 교육 등도 활발하게 진행되고 있다.

군대의 사기와 단결력은 장병 개인의 만족스러운 군 생활 적응도와 원활한 인간관계에 달려 있다. 입대하는 장병들은 낯설고 새로운 군대 문화와 위계질서, 표준 일과에 의한 생활 주기, 가족과 결별, 새로운 사람들과의 만남 등에 적응해야만 한다. 이러한 복무 적응을 돕는 데 상담은 매우 유용한 활동이 될 수 있다.

일반적으로 대부분의 병사는 새로운 환경에 특별한 도움 없이도 무난하게 잘 적응한다. 하지만 그렇지 못한 병사도 많다. 이들은 대부분 보호 및 관심병사로 분류되어 각급 부대에서 특별 관리를 받게 된다. 도움이 필요한 병사들은 두려움, 불안, 낮은 자존감, 절망감, 우울증 등을 경험하는 경우가 많고, 심한 경우 자살사고나 자살 행동으로 이어질 수 있으므로 면밀한 관리가 요구된다. 만약 부대 내에서 자살사고가 발생할 경우, 초래되는 손실은 막대하다.

특히 부적응 병사의 문제 행동은 사기나 단결력을 심각하게 저해할 뿐 아니라 부대의 전투력도 급격하게 손상하는 부정적 영향을 주기 때문에 이들은 철저하게 관리해야만 한다. 상담은 이들이 자신의 어려움을 직면하고 이해하며 심리적 문제들을 해결하게 하고, 조직 및 간부들은 진심으로 따를 수 있는 통합적인 목표를 발견하도록 하는 데 많은 도움을 줄 수 있다.

부적응 병사뿐 아니라 일반 병사에게도 상담은 도움을 줄 수 있다. 가령 대인관계에서의 갈등이나 이성 친구와의 문제, 가정 문제, 건강 문제, 내무 생활을 하면서 겪을 수 있는 애로사항, 임무수행 중 발생할 수 있는 심리적 스트레스 등 군 내·외적으로 경험할 수 있는 스트레스 상황에 노출되어 이에 대해 적절하게 대처하지 못해 생활상의 어려움이 발생할 수 있다.

또한, 상담은 군 복무 이후의 사회 재적응에 대한 진로 방향을 설계하는 데 도움을 줄 수 있다. 전역을 앞둔 장병의 경우, 전역 이후의 취업이나 복학, 새로운 환경으로의 적응뿐 아니라 독립적인 한 인간으로서의 성숙한 삶을 영위하는 것에 대한 당면과제를 해결해야 할 필요가 있다. 이들은 20대 초반에 입대하여 전역 이후에는 20대 중반에 접어들기 때문에 상담자는 이들이 이전과는 달리 스스로 결정하고 선택하며 책임져야 하는 성인의 삶을 다시 시작하도록 도와주어야 한다.

5. 군 상담자의 역할

군 상담자는 장병들의 안전사고 예방, 부대 적응 촉진, 인간적 성숙 등에 매우 중요한 역할을 담당하고 있다. 특히 지식정보화시대의 도래, 인간 존중의 가치 확산, 사회적 가치의 다원화, 복지 및 학력 수준의 향상에 따른 국민 의식의 변화, 인터넷 혁명의 확

산 등과 같은 기술 발달이라는 새로운 환경에 직면하게 되면서 군 조직의 제도와 체계가 급속하게 변화하고 있다. 이러한 변화 추세에 따라 군 리더는 병사들의 행동이나 태도, 가치관, 신념에 효과적인 변화를 일으킬 수 있는 능력이 필요하다. 이를 위해 리더의 상담 능력은 리더십 발휘의 필수적인 요소가 되고 있으며, 상담자로서의 역할도 점점 더 강조되고 있다.

그렇다면 군 상담자가 군 조직에서 수행해야 하는 역할과 기능을 살펴보자.

첫째, 군 상담자는 상담을 통해 군의 안전사고를 예방할 수 있다. 이는 현재 군에서 심각한 문제로 대두되고 있는 자살이나 탈영 등의 사고와 관련이 있다. 이러한 사고가 예상되는 보호·관심병사들을 조기에 식별하여 관리함으로써 이들의 심리적 안정을 도모하고 사고 발생 가능성을 사전에 차단하는 것이 중요하다. 이를 위해 현재 야전부대에서 시행하고 있는 과학적 식별도구(우울증, 스트레스 지수, 개인안전지표, 신인성검사, 인터넷 중독 진단 등)와 상담 활동, 행동 관찰 등의 다각적인 노력을 통해 위험군을 정확하게 분류하고 맞춤식 관리를 해야 한다.

　둘째, 군 상담을 통해 부대원들의 인간적 성숙을 도울 수 있고, 문제 해결 능력을 증진할 수 있다. 병사 대부분은 20대 초반이며, 군에 입대하기 전까지 매우 자유롭고 개인주의적인 가치관을 가지고 있는 인원이 대부분이다. 따라서 위계질서가 엄격하고 외부와 단절되었으며 통제된 생활에 적응하는 것이 매우 힘들 수 있다. 특히 지금까지의 생활환경과 너무나 다른 새로운 환경에 직면했을 때, 이들은 문화적 충격을 경험한다. 이러한 환경 변화에 적절하게 대처하지 못하는 인원은 심각한 부적응을 경험할 가능성이 크다. 이렇게 부적응을 경험하는 인원과 상담을 진행하면서 군 상담자는 '내담자가 어떠한 어려움을 경험하고 있고 그의 핵심 문제가 무엇인지'를 탐색하고 어떻게 하면 이러한 문제들을 극복할 수 있을지에 대해 함께 논의해야 한다. 이렇게 함으로써 내담자는 현재 상황에 맞는 문제 해결 방안을 학습하게 되고, 군 생활에 적응하기 위한 구체적인 실천 방안을 계획하고 시행하여 만족스럽고 보람 있는 군 생활을 영위할 수 있게 된다.

6. 군 '리더-상담자' 모형

출처: 영화 〈연평해전〉

김창대(1994)는 군 상담의 영역을 '전문가 영역'과 '리더 영역' 으로 구분하였고, 김완일(2008)은 군 상담 모형을 '군 간부 상담 모형'과 '전문가 상담 모형'으로 구분하였다. 여기서 '군 간부 상담'이란 소정의 상담교육을 받은 지휘관이 그들의 부하를 대상으로 상담하는 활동이라고 정의한 바 있다. 이러한 모형은 부하를 지휘해야 하는 군 간부에게 리더십을 발휘하는 데 도움이 되는 기초적인 상담 능력을 제공함으로써 리더십 역량을 강화하는 상담이라는 의미를 내포하고 있다고 제시하고 있다(김완일, 2008).

한편 전문가 영역의 상담이란 상담 이론과 군대의 특수성을 이해하고 상담에 대한 전문적 교육과 수련 경험이 있는 전문가가 부적응을 경험하고 있는 장병들을 대상으로 이들이 정상적인 기능을 수행하는 데 도움을 주는 과정이며, 주로 병영생활 전문상담관, 정신과 군의관 등이 담당한다.

이처럼 군 상담의 영역은 상담자의 유형에 따라 구분할 수 있다. 그러나 이 책에서는 초급 장교부터 고급 지휘관에 이르는 군 리더들의 상담 능력 배양에 초점을 맞추어 기술하고자 하였으므로 군 조직을 이끌어 가는 리더이면서 관리자 역할을 해야 하는 군 간부의 상담자 역할을 '리더-상담자'라고 명명하였고 이러한 모형을 '리더-상담자' 모형으로 제시하고자 한다. 이 모형에서 리더 영역의 상담이란 군 리더가 도움이 필요한 부하들을 대상으로 이들의 문제를 해결하도록 조력하거나 부대 생활에 잘 적응할 수 있도록 돕는 생활 지도, 지휘 조치 등을 포함하는 과정이다. 이러한 기능은 주로 부대 지휘자(관), 주임원사, 행정보급관 등이 담당한다. 김계현과 왕은자(2009)는 만일 지휘관들이 상담 능력을 배양한다면 효과적으로 부대를 지휘하는 데 큰 도움이 된다고 하였다. 그렇기에 군 상담은 부대를 관리하기 위한 리더십의 한 축으로서 기능해야 하며 군 리더가 상담 역량을 높이는 것이 곧 리더십 발휘의 핵심 요소가 될 수 있다.

그러나 상급자와 하급자라는 지위의 한계를 무시할 수는 없다. 상관과 부하는 서로 영향을 주고받는다. 병사들을 관리해야 하는 책임이 있는 군 간부(관리자)는 부하에게 영향을 미치는데, 이러한 영향은 부정적인 방향으로 흘러갈 수도 있고 긍정적일 수도 있다. 상급자로서의 상담자는 권력을 가지고 있으므로 자신의 권력이 내담자인 부하에게 어떻게 사용될지를 검토해야 한다. 권력은 자칫 상대방을 조종하거나 억압하는 수단이 될 수 있기 때문이다. 만약 권력이 내담자에게 개입된다면 내담자에게 스스로 변화할 수 있다는 믿음과 동기 수준, 책임을 감소시킬 것이다.

그렇다면 군 상담 영역에서의 '리더-상담자'는 어떠한 역할을 수행해야 하는가를 살펴볼 필요가 있다. 김완일(2008)은 군 간부 상담 모형에서 상담 목표를 세 가지로 제시한 바 있다. 장병들의 신상 파악 및 인성검사 결과 해석 등을 통한 부적응 병사 파악과 위험 등급에 따른 집중 관리, 병영생활 지도를 통한 군 적응력 증진, 진로 지도를 통한 미래에 대한 준비 노력이 그것이다.

한편 최병순(2010)은 군 리더십의 본질로 리더와 폴로어와의 관계, 상호 영향력을 주고받는 과정의 중요성을 강조하였다. 현대의 조직은 신속한 의사소통과 의사결정을 위해 수직적 조직에서 수평적 조직으로, 경직된 상하관계에서 민주적인 관계로 변화되고 있다. 특히 사회적 다양성의 증가로 조직 구성원의 가치관과 욕구가 더욱 다양해지고 윤리 경영이 중요시되는 사회로 변함에 따라 수직적이고 획일적인 위계질서를 기반으로 한 통제 지향적 리더십으로는 더는 조직을 효과적으로 운영할 수 없게 되었다. 따라서 현대 조직의 리더는 조직 구성원들의 열정과 창의력을 불러일으키고, 구성원 상호 간에 신뢰를 형성하는 리더십을 발휘해야 한다. 이러한 수평적이고 협력적인 현대 리더십 원리를 적용하기 위해서 리더의 상담 능력이 큰 도움이 될 수 있다. 상담 능력을 갖추었다는 것 자체가 한 사람으로서뿐 아니라 리더로서의 인격을 갖추었다는 것을 의미하기 때문이다. 또한, 리더 자신뿐 아니라 부하를 이해할 수 있는 폭이 넓어진다는 것을 내포하고 있다.

상담은 상담자와 내담자 간의 관계를 기초로 하는 대화과정이기 때문에 리더십의 본질과 유사하다. 군에서 리더는 다양한 역할을 수행하는 주체다. 예를 들면, 리더의 책무는 평시 전투 준비태세 유지, 교육훈련 관리, 부대 관리, 각종 훈련 준비 및 시행, 병력 관리 등 매우 다양하다. 이 중 병력 관리의 일환으로 요구되는 것이 상담이며 리더는 부하들을 잘 관리하기 위해 상담자로서의 역할을 잘 수행해야 한다. 모든 전투 준비의 핵심 요소는 부대원, 즉 사람이며 이들이 올바른 사생관과 전투 의지를 기초로 복무 만족도와 보람을 느끼고 군 생활을 영위하게 되면 국가 방위라는 궁극적인 군의 목적을 달성할 수 있게 되기 때문이다. 또한, 부대의 지휘관은 군에서 실질적인 부모 역할을 담당한다. 따라서 이들에 대한 인성교육과 안전에 대한 책임도 지고 있다. 부하들 각자는 한 가정에서 매우 귀하게 자랐고, 이제는 부모의 곁을 떠나 국가방위를 책임지는 대한민국의 군인이 되었다. 이들이 군 생활하는 약 2년의 시간 동안 리더는 조직의 목표를 위해서 이들을 잘 이끌어 가야 할 뿐만 아니라 잘 교육하고 보살펴 주어야 한다.

이러한 리더의 막중한 책무는 리더가 상담자로서의 역할을 수행할 때, 매우 유용할 수 있다. 왜냐하면 리더는 어떤 누구보다도 부하(내담자) 개개인에 대해 강한 책임감을 가지고 상담을 진행할 것이며 함께 부대 내에서 동고동락하는 전우라는 측면에서 서로 공감대가 형성될 수 있기 때문이다. 즉, 평상시 리더와 부하 간에 강한 신뢰감과 친밀감이 형성되어 있다면 실제 상담장면에서 신뢰관계가 형성될 것이며 촉진적 의사소통을 위한 분위기가 조성되어 상담의 효과를 기대할 수 있을 것이다. 따라서 만약 군 리더가 일정한 수준의 교육을 통해 의사소통 기법이나 상담 기술 등을 익힌다면 상담뿐 아니라 효과적인 병력 관리를 하는 데 매우 유용한 도움이 될 것으로 보인다.

7. 군 상담의 한계와 해결방안

일반적으로 군 조직은 어떠한 과업을 수행할 때 뚜렷한 목표 수립과 세부 운용 계획, 가용 자원의 탐색과 활용 방안 수립, 구체적인 행동 요령 숙지 및 예행 연습 등 철저하고 세밀한 업무 추진의 조직 문화가 형성되어 있다. 따라서 군 간부들은 이러한 업무태도가 자연스럽게 습관화되어 있다. 자연히 군 간부들은 상담할 때에도 구체적인 목표와 가시적인 성과를 기대하고 문제 해결적인 접근 방식을 취할 가능성이 크다. 이러한 군 간부들의 특성은 상담의 목표를 수립하고 상담을 구조화하며 내담자의 행동 변화를 다루는 점 등에 있어서는 강점으로 작용할 수 있다. 그러나 자칫 상담이 문제 해결 중심에만 초점을 맞추다 보면 상담자의 권위적인 인상이 강해져 내담자에게 저항을 불러일으킬 수 있다. 또한, 조언이나 충고, 지시적 상담의 형식을 취할 경우 공감이나 이해 반응이 생략될 수도 있다. 이 외에도 군 상담에는 몇 가지 한계점이 존재한다. 구체적으로 어떠한 한계가 있는지 살펴보자.

1) 이중관계

군 리더는 자신이 직접 지휘하고 있는 부하들을 대상으로 상담을 하기 때문에 이중관계에 놓여 있다. 특히 내담자인 부하 입장에서는 상담자인 리더가 직속 상관이며, 군 생활 전반에 상당한 영향을 받기 때문에 실제 상담장면에서 매우 조심스러울 수밖에 없다. 더욱이 군 조직은 엄격한 위계질서에 의한 명령체계를 가지고 있어서 하급자인 병사들은 상담 중에 상급자인 리더의 권위를 의식하지 않을 수 없다. 또한, 상담 내용이 군 보고체계에 의해 제3자에게 노출될 수도 있다는 점을 의식해 자신의 마음을 솔직하게 털어놓는 것이 어려우며 실제 상담 내용에 대해 비밀을 완전히 보장해 주는 것도 어려운 것이 현실이다. 따라서 이러한 한계점을 극복하기 위해서는 평소 리더와 부하 간 신뢰관계와 친밀감 형성이 매우 중요하다.

그리고 몇 가지 특수한 예외 사항을 제외하고 상담 내용을 밖으로 유출하지 않겠다는 비밀보장의 원칙이 반드시 지켜진다면 부하들은 리더에게 자신의 이야기를 솔직하게 털어놓을 수 있을 것이다. 또한, 리더는 상담장면에서 상급자로서의 역할보다는 상담자로서의 역할에 충실해야 한다. 만약 리더가 자신의 지위나 권력 등으로 부하에게 영향력을 행사하려고 한다면 상담을 받는 부하들은 그 리더의 권위에 압도되어 솔직하게 반응하지 않을 가능성이 크다. 그러므로 리더는 자신의 다중역할을 분명하게 인식하고 상황에 맞는 자신의 역할에 충실히 임해야 한다.

【해결방안!】 '우리성'을 바탕으로 한 '부하 맞춤형 의례성' 관계 형성

이중관계라는 군 상담의 제한사항은 해결 방법이 없는 것 같다. 앞서 제시한 것처럼 '평소 리더와 부하 간 신뢰관계와 친밀감 형성이 매우 중요하다.'란 말은 군 상담과 관련된 거의 모든 책에 나와 있는 해결방안이다. 그러나 '신뢰관계와 친밀감 형성'이란 말은 매우 포괄적이며 구체적이지 못한 해결방안이다.

최상진(2000)은 한국인들의 문화 특수적 인간관계를 이야기하면서 '우리성'과 '의례성'을 이야기하였다. 한국인들의 인간관계는 서양의 개별적이며 독립적인 자기관에 기초한 인간관계와는 달리, 매우 협조적이고 관계 중심적인 자기관에 입각한 심정(心情)을 교류하는 관계다. 여기서 '우리성'이란 가족 중심적이며, '나'와 '너'가 분리된 단위가 아닌 통일된 존재로서, 독특한 한국적인 집단 정체성을 내포한 관계를 의미한다. 예를 들어, "우리가 남인가?"라는 말은 '모든 것을 공유할 수 있는 특별한 관계'를 의미한다. '의례성'은 구체적 대인관계 상황 맥락에서 보편적으로 이루어지는 언행의 형식으로 일종의 상황적 언행 스크립트(대본)를 의미한다. 예를 들어, 길을 가다가 우연히 친구를 만났을 때 "너 어디 가니?"라고 묻는 것은 실제로 어디를 가는지 궁금해서 물어본 질문이 아니며, 구체적인 답변을 요구하는 것도 아닌 의례적인 인사말이다. 마찬가지로 "우리 언제 시간될 때, 식사 한 번 하자."는 말은 식사 약속을 잡자는 의미가 아니다. 이 질문은 다만 상대에 대한 관심을

표명하는 기능을 하고 있으며, 한국 사람들은 이러한 '의례성' 스크립트를 이용하여 '우리'라는 관계를 유지한다는 것이다. 즉, 의례성은 상대에 대한 관심과 배려를 내포하고 있으며, 특별한 인간적 애정을 표현하는 기능을 한다.

군 상담장면에서 '리더와 부하' '상담자와 내담자'라는 이중관계를 해결하기 위해서는 평소 리더들이 '부하 맞춤형 의례성'을 계발하고 활용하여 부하와 관계를 형성해야 한다.

'부하 맞춤형 의례성'이란, 개별 부하(병사)가 겪고 있는 개인적 상황 맥락에 맞춰진 인사말을 의미한다.

일반적으로 군대의 리더들은 "별 일 없지?" "잘 지내냐?" "수고 많다."라는 의례적 스크립트를 많이 사용한다. 그러나 이는 일반적인 인사의 기능밖에 할 수 없다.

'부하 맞춤형 의례성'의 예를 들면 다음과 같다.

부모님이 편찮으신 병사에게는 "부모님은 좀 어떠시니?"

애인과 관계가 소원해진 병사에게는 "지난번 그 여자 친구와는 연락을 잘하고 있니?"

금연을 결심한 병사에게는 "지금까지도 금연 잘 지키고 있니? 많이 힘들 텐데……."

검열 준비로 수고하고 있는 병사에게는 "요즘 검열 준비로 수고가 많지? 네 덕분에 검열을 잘 받을 수 있을 것 같아."

이처럼 해당 병사에게 맞추어진 인사말을 해야 한다.

수직관계에 있는 상급자가 자신에게 개인적인 관심과 배려를 보이면, 해당 병사는 자신이 관심을 받고 있고, 특별한 사람으로 여겨진다는 느낌을 받게 된다. 이렇게 리더는 평상시에 부하에게 '맞춤형 의례성'을 통한 관계를 형성해야 '신뢰 관계와 친밀감 형성'이 이루어질 수 있는 것이다. 이와 같은 '맞춤형 의례성'은 부하에 대한 진정성과 세부적인 관심이 포함된 표현으로, 한국 문화적 특수성이 고려된 이중관계 해결방안이라 할 수 있다.

2) 비자발적 내담자

병사들의 상담의 동기가 비자발적인 경우가 많다는 점이다. 물론 자발적으로 상담을 요청하는 장병도 있지만 그렇지 않은 장병도 많다. 부하들을 직접 지도하고 관리해야 하는 막중한 책임이 있으므로 병력 관리의 일환으로써 상담 활동이 매우 필수적이다. 특히 리더 입장에서는 부대 내 부적응 병사가 식별되었을 때, 즉시 상담 및 지휘 조치를 취해야 한다. 사고 예방 차원에서 보면, 군 상담은 즉시성이 매우 중요하다. 어떤 병사가 문제가 있을 때 그것이 적절한 시기에 해결되지 않으면 더 큰 문제로 확대될 수 있기 때문이다. 따라서 특정 병사가 자발적인 동기로 지휘자(관)에게 도움을 청할 때까지 기다리기보다는 먼저 찾아가는 상담을 해야 한다. 그리고 병사들은 상담을 받는 것이 마치 자신에게 큰 문제가 있거나 잘못이 있어서 받는 것으로 인식하거나 다른 전우들이 자신을 관심병사로 낙인찍는 것을 걱정하여 자발적으로 상담을 요청하지 않을 수도 있다.

【해결방안!】 '비자발적 내담자'의 '자발화'

적응을 못 하거나 도움이 필요한 병사가 스스로 지휘관이나 상담관을 찾아간다면 문제 해결이 의외로 쉬울 수 있다. 하지만 부적응 병사들은 관리자를 마주하는 것조차 꺼리는 경우가 많기 때문에 그들이 자발적으로 도움을 요청하기란 쉽지 않은 일이다.

부대 상담실에 가는 병사들은 대부분 상담을 받으러 온 이유가 '지시자가 가라고 해서'다. 예를 들어, 한 병사를 분대장이 상담을 하다가 어려움을 느껴서 소대장에게 가보라고 하거나, 중대장이 상담을 하다가 어려움을 느껴 상담관에게 의뢰하는 경우다. 그렇게 누군가에게 의뢰된 내담자 병사는 죄책감과 자괴감을 느끼게 되는 등 심리적으로 더욱 위축되며, 스스로를 더욱 방어적으로 만든다. 그러므로 비자발적인 내담자일수록 첫 만남에서 상담을 받으러 온 목적과 이유를 스스로 말할 수 있게끔 도와주어야 한다.

'비자발적 내담자'의 '자발화' 예시

소대장(상담자): 나는 네가 어떻게 여기에 오게 되었는지 잘 모르겠네…… 누가 가 보라고 해서 나를 보러 왔는지, 아니면 스스로 고민이 있어서 왔는지 잘 모르겠구나.

김 일병(내담자): (시큰둥하게) 저도 잘 모르겠습니다. 그냥 분대장이 가 보라고 해서…….

소대장(상담자): 그래. 분대장이 가 보라고 해서…… 그냥 왔구나.

김 일병(내담자): 음…… 네.

소대장(상담자): 그럼…… 너는 아무 문제가 없다고 생각하는구나?

김 일병(내담자): (침묵) 아니…… 꼭 그런 것만은 아니고…….

소대장(상담자): 그럼 한 가지만 말할게. 만일 너에게 어떤 힘든 일이 있어서 그 문제를 해결하는 데 내가 도움을 줄 수 있다면 나는 최선을 다해 너를 도울 거야. 하지만 너 스스로가 별 문제가 없는데 어쩔 수 없이 상담을 받아야 한다고 생각할 필요는 없어. 중요한 것은 네가 나에게 도움받고 싶은 부분이 있는지, 나는 그게 궁금해. 그 부분에 대해 이야기해 줄 수 있겠어?

김 일병(내담자): (침묵) 네. 사실…… 요즘 좀……. (침묵)

소대장(상담자): 그래 말하기가 어렵지……. 괜찮으니까 천천히 말 할 수 있을 때 말해 주면 좋겠어.

3) 체계적이지 못한 상담 조력

주기적이고 장기적인 상담이 어렵다. 군 상담은 일반 상담과 달리 매주 정해진 시간을 활용하여 체계적으로 상담을 진행하는 것이 어렵다. 부대원들은 각종 야외 전술훈련, 교육훈련, 진지 공사, 전투 대기, 기타 부가적인 임무수행 등 긴박하고 바쁜 환경에 놓여 있다. 또한, 초급 장교의 경우 소대장은 약 30여 명, 중대장은 약 50~100여 명의 병력을 관리하므로 모든 인원을 집중적으로 상담하는 것이 어려울 수 있다. 따라서 식별된 부적응 병사를 중심으로 집중적인 상담을 해야 하며 부적응 정도에 따라 선별적인 상담을 실시하는 것이 좋다. 특히 군 상담은 즉시적이고 효율적인 방향으로 최대의 효과를 달성하는 것이 매우 중요하다. 다행인 것은 부하들에 대해 리더의 관찰 기간이 확보되고 다양한 관리체계를 통해 입체적인 신상을 관리할 수 있다는 것인데, 이는 내담자의 탐색과정에 소요되는 시간을 절약하는 데 일정 부분 도움이 될 수 있다.

【해결방안!】 나를 찾아온 병사의 상황과 처지를 살펴라.

초급 간부들은 도움이 필요한 병사가 간부에게 찾아오려고 마음먹기 까지는 무수히 많은 시간 동안 고민과 갈등을 했을 것이라는 것을 간과해서는 안 된다. 예를 들어, 소대장실 문을 노크하기까지는 쉽지 않은 심리적 결심 과정이 있었다는 것이다. 며칠 밤을 새워 고민을 하다가 스스로 해결할 수 없다는 결론에 이르러 소대장을 만나기로 마음을 먹은 것이고, 소대장을 만나기 위해 무엇부터 어떻게 말을 꺼내야 할지에 대해서 고민을 하고, 언제가 괜찮을지 상황과 눈치를 보다가 두려운 마음으로 소대장실 문을 두드린 것이다.

　이렇게 어렵게 찾아온 부하 병사에게, 리더가 퉁명스럽거나 바쁘다는 핑계로 소홀히 대하여서는 절대로 안 된다. 설령 정말 바쁘더라도 부하의 고충보다 더 심각하고 중요한 일은 없다는 것을 알아야 한다. 불가피하게 그 병사를 돌려보내야 한다면, 반드시 정확한 일시로 약속을 하고 이를 지켜야 한다.

　주기적이고 장기적인 상담이 어렵더라도 진심이 담긴 따뜻한 한 번의 만남이 더 기능적일 수 있음을 잊지 말아야 한다.

4) 상담자의 비전문성

　군 리더들은 전문적 심리상담 능력이 부족하다. 대부분의 군 리더들이 자신의 상담능력을 맹신하지만 이는 매우 위험하고 비합리적인 신념일 뿐이다. 특히 군 경력이 오래된 리더일수록 자신이 훌륭한 상담자일 것이라는 비합리적 신념은 더욱 위험할 수 있다. 왜냐하면 그들은 경험담과 잔소리, 주관적 자기 경험으로 무장하고, 그 무기를 가지고 심리적으로 불안한 부하를 궁지로 몰아가기 때문이다.

　군 리더들은 민간상담자들에 비해 체계적인 상담 훈련을 받지 못하고, 전문적인 상담 능력을 갖추고 있지 않으며 체계적인 지식과 경험이 부족하다. 체계적인 상담 수련을 받지 못한 상태에서 부하들과 대면하여 실제적이고 효과적인 상담을 수행한다는 것은 매우 어려운 일이다. 실제로 야전부대에 배치된 초급 장교들은 부하들을 관리하는 데 가장 필요한 리더십 역량 중에서 '효과적인 상담 능력'을 갖추는 것을 매우 중요하게 인식하고 있다. 또한, 상담이 절실하게 필요하지만 주변에 마땅히 상담받고 싶은 사람이 없어서 고통받는 병사도 많다. 이들이 소속 부대의 간부들에게 상담받는 것을 주저하는 이유는 상담의 효과성에 대한 확신이 부족하기 때문일 것이다.

【해결방안!】말수를 줄이고, 말투를 바꾸고, 다각적 조력 방법을 모색하라.

이 문제는 군대뿐만 아니라 거의 모든 조직 관리자들이 고민하는 문제다. 사실 초급 간부들의 상담적 비전문성의 문제는 초급 간부들이 해결 방법을 고민할 내용은 아니다.

전문적 상담 능력을 키우기 위해서는 많은 시간과 경험이 필요하다. 이는 군 간부 양성 과정과 정책부서에서 해결해야 할 문제다. 그렇다고 초급 간부들이 모른척 해야 할 문제도 아니며, 해결 방법이 전혀 없는 문제도 아니다.

일단 상담장면에서 초급 간부들의 문제는 자신이 말을 많이 하려 한다는 것이다. 도움을 필요로 하는 병사가 한마디를 말하면 초급 간부들은 즉시 시원한 해결책을 줘야 한다고 느끼거나 설득을 하려고 노력한다. 이 현상은 초보 상담자들도 많이 겪는 문제인데, 상담자가 부담감과 두려움을 느끼기 때문에 발생하는 일이다. 그러므로 좋은 말을 많이 해 주어야 한다는 부담을 버리고 차라리 말 수를 줄이고 병사의 이야기를 끝까지 들어보려고 노력해야 한다. 극단적인 예로, 병사가 말없이 침묵하고 있으면, 상담자는 내담자의 침묵을 버텨내야 한다.

　또한 대부분의 간부들은 질문을 통해 문제를 파악하려고 한다. "왜 그랬나?" "누가 그랬나?" "너는 그게 가능하다고 생각하나?" 등 질문을 계속한다. 이 또한 상담장면에서 대화가 끊어지면 상담자 자신이 상담 능력이 부족해서 상담이 잘못 진행되는 것으로 느껴지기 때문에 발생하는 현상이다.

　물론 질문은 현상을 파악하기 위해 필요한 의사소통 방법이지만, 부적응 병사의 입장에서는 취조를 당하는 느낌을 받을 수 있고 심리적으로 더욱 위축되고 경직하게 하며 방어적으로 만든다. 그래서 도움이 필요한 병사들이 상담에 있어서 비전문가인 초급 간부들에게 말을 꺼내는 것을 꺼리는 것이다. 그러므로 초급 간부들은 평소 기초 상담기법, 의사소통 기법 교재 등에 제시된 말(스크립트, 대사)을 육성으로 연습하는 노력을 기울여야 한다.

　또한 스스로 상담이 당황스럽고 어렵다고 느껴지면, 병영생활 전문상담관이나 부대 주변 정신보건센터, 대학교 학생생활연구소 등의 기관들에 사전에 협조를 구해 부하의 문제를 의뢰하고 도움받을 수 있도록 환경을 만들어 두어야 한다. 즉, 초급 간부들은 새로운 보직에 부임하였을 때, 가장 먼저 부하들의 심리적 문제에 대해 도움받을 수 있는 전문가나 기관을 확인해야 한다.

제 **3** 장
군 리더와 상담자

1. 군 상담자의 자질

내담자를 대하는 상담자의 태도는 내담자가 문제를 해결하고 심리적 성장을 이루는 데 매우 중요하다. 인본주의 심리학자 칼 로저스는 인간의 긍정적 성격 변화를 이루는 필요충분조건으로 상담자의 세 가지 태도를 강조하였다. 진솔성, 무조건적 긍정적 존중, 공감적 이해가 바로 그것이다. 로저스는 상담자가 내담자와의 관계에서 이 세 가지 태도를 일관적으로 유지해 나간다면 내담자의 긍정적인 성격 변화는 반드시 일어난다고 보았다. 그렇다면 이 세 가지 태도에 대해서 구체적으로 알아보자.

1) 진솔성

상담자는 내담자와의 관계에서 진실해야 한다. 즉, 상담자가 내담자를 대할 때에 가식이나 왜곡, 겉치레가 없어야 한다. 진실된 태도는 상담관계에서 내담자에게 신뢰감과 친근감을 주는 매우 중요한 요인이다.

병영 내 상담장면에서 리더가 상담자 역할을 할 때, 내담자 앞에서 자신의 권위를 지켜야 한다는 생각이 강하면 진솔한 태도를 유지하는 것이 어려울 수 있다. 특히 상담자와 내담자의 관계가 아닌 상급자와 하급자의 관계라는 틀에 갇혀 버리면 더욱 그러하다. 위계적 수직관계를 기본으로 하는 군의 특수성을 고려할 때, 상담에서의 수평관계를 유지하는 것이 어려울 수 있다.

한편 로저스가 제시한 진솔성은 최근 부각되고 있는 오센틱 리더십과 일맥상통하다. '오센티서티(Authenticity)'는 자신이 가지고 있지 않은 자질이나 신념을 위장하는 '위선(hypocrite)'이 아닌 '진짜(genuine)'를 의미하는 개념이다. '오센티서티'는 진정한 자아와 내면의 생각 및 감정에 따라 자신을 표현하는 방법으로, 진실성을 나타낸다. 또한 인간은 능동적이고, 주관적 판단과 선택이 가능한 유기체임을 주장하는 인본주의 심리학의 인간관과도 일치한다. Avolio(2005)는 오센틱 리더를 "자신이 어떻게 생각하고 행동하는지에 대해 깊이 인식하고, 자신과 주변 사람들로부터 가치 및 도덕적 관점, 지식, 강점을 인식하는 리더" "자신감, 희망,

낙천성, 적응 유연성을 가지고 있고 높은 도덕적 특성을 가진 리더"로 정의하고 있다. 이러한 오센틱 리더의 특성은 로저스가 이야기한 진솔성의 특징인 "내담자를 대하는 과정에서 상담자가 무엇을 경험하는가"라는 상담자의 자기 인식 그리고 "내담자에게 무엇을 표현하는가"라는 내면에서 느껴지는 것들을 있는 그대로 표현하는 것 등과 일치한다.

　그러나 진솔하게 표현하는 것과 부정적 감정을 충동적으로 표출하는 것은 분명 다르다. 만약 상담자 자신이 내담자를 왜곡된 관점에서 바라보거나 자기 스스로 심리적 문제가 미해결된 상태에서 부정적인 감정을 마구 쏟아낸다면 내담자는 마음의 상처를 입고, 더욱이 자기 자신을 개방하려고 하지 않을 수 있다. 따라서 상담자의 진솔성은 인격적인 성숙이 뒷받침되어야 유용하다. 결국 상담자는 이러한 진실한 태도를 견지하는 궁극적인 목적이 내담자의 진실한 경험에 접촉을 촉진하기 위한 것이고, 상담의 초점이 내담자에게 맞추어져야 한다는 점을 알아야 한다.

진솔성의 예시

소대장(상담자): 오늘 상담한 지 10분 정도 지났는데, 최 일병이 나한테 속마음을 잘 표현하지 못하는 것 같네. 혹시 내가 상급자이거나 내 직위 때문에 신경이 쓰이는 건 아니니? 최 일병에게서 슬픔이 느껴지고, 뭔가 요즘 들어 힘든 일이 많을 거라 생각이 들어서 마음속에 담아 놓은 것이 많을 것 같다는 느낌이 드는구나! 어떻니?

최 일병(내담자): 사실, 소대장님이 아까 저와 면담하자고 하셨을 때, 좀 당황스럽기도 했지만, 한편으론 제 마음을 알아 주시고 저와 상담하신다고 말씀하셔서서 고마운 마음도 들었습니다. 요즘 힘든 일도 많고 기분도 울적해서 누군가에게 제 속마음을 털어놓고 싶었는데, 마땅히 얘기할 상대가 없어서 외로웠습니다.

소대장(상담자): 음. 그렇구나! 최 일병이 요즘 매우 힘들었구나!

최 일병(내담자): 네. 그런데 막상 상담실에 오니 아무래도 소대장님이 제 상관이라는 것이 마음에 걸려서 선뜻 제 속마음을 얘기하는 것이 어려웠습니다. '비밀보장은 잘 될까?' '내가 이 얘기를 하면 어떻게 받아들이실까?' '혹시 내가 문제 병사로 찍히면 어떡하지?' 하는 생각이 지나갔습니다.

소대장(상담자): 음. 소대장에게 속마음을 터놓고 얘기하고 싶지만 아무래도 내가 상관이라는 점이 마음에 걸려서 솔직하게 얘기하는 것이 어려웠구나! 솔직히 말해 주어 고맙다. 최 일병이 부담이 된다면 꼭 얘기해야 할 필요는 없어. 나는 다만 최 일병이 군 생활에 어떠한 어려움이 있는지를 진심으로 이해하고 싶을 뿐이고, 지금은 상관과 부하의 관계가 아닌 인간적인 관계로서 만나고 있는 것이니 자연스럽고 편안하게 대화 나누었으면 좋겠구나!

2) 무조건적 긍정적 존중

무조건적 긍정적 존중이란 내담자를 한 인간으로서 긍정적인 존재로 대한다는 것을 의미한다. 여기서 무조건적이란 말은 내담자를 긍정적인 존재로 존중하되, 그것에 아무런 전제나 조건도

출처: 영화 〈언터처블: 1%의 우정〉

달지 않는다는 것을 말한다. 즉, "나는 당신이 어떠한 행동이나 생각을 할 때에만 괜찮은 사람으로 인정하겠다."가 아니라 "나는 당신의 모습을 있는 그대로 존중하겠다."라는 태도다. 이러한 태도는 기본적으로 상담자의 가치 기준에 비추어 내담자를 판단하거나 평가하는 것이 아니라 그가 무엇을 말하고 느끼고 행동하든지 그는 가치 있고 존중받을 만하다는 태도를 일관되게 유지하는 것이다.

　사람들은 누구나 다 자신을 긍정적인 존재로 여기고 싶어 한다. 그런데 대부분의 사람은 자신을 긍정적인 존재로 인식하기 위해서 본인이 아닌 주변 사람들로부터 긍정적인 인정과 사랑, 존중을 받는 것이 필요하다고 느낀다. 따라서 다른 사람들의 인정이나 수용을 받기 위해 자신을 억제하거나 왜곡하려는 성향이 있다. 만약 자기 자신을 있는 그대로 표현한다면 그들이 부여한 가치 조건들에서 벗어나게 되므로 자신은 중요한 타인들로부터 거부되거나 인정받지 못할 것으로 생각해 진실한 자신을 감추고 더욱 방어적이 될 가능성이 크다.

일부 리더는 자신의 지휘 철학(가치 기준)에 부응하는 병사에 대해서는 인정하고 존중해 주지만 그렇지 못한 병사에 대해서는 소홀하게 대할 수 있으므로 항상 이러한 점들을 유념해야 한다. 특히 단체 생활을 기본으로 하는 생활관에서 선임병과 후임병, 간부와 병사 간의 관계는 내담자의 군 생활 적응에 상당한 영향을 미친다. 만약 내담자가 원만한 대인관계를 유지한다면 문제가 없겠지만, 대인관계에서 갈등을 경험하고 있거나 이러한 갈등으로 인해 자존감이 손상된다면 군 생활에 부적응할 뿐 아니라 자존감이 손상되어 군 생활에 어려움을 겪을 수 있다. 대인관계에서 경험하는 갈등으로 자존감이 손상된 내담자에게는 상담자의 무조건적 긍정적 존중을 통해 수용받는 경험이 큰 도움이 될 수 있다.

무조건적 긍정적 존중의 예시

소대장(상담자) : 요즘엔 표정도 매우 어둡고, 기분이 울적해 보이는데, 무슨 일이 있니?

박 이병(내담자) : 자대배치 받은 지 3개월 정도 됐는데도 아직 선임들과의 관계가 너무 어렵습니다. 제가 원래 입대 전에도 소심하고 내성적인 성격이라 대인관계가 많이 힘들었는데, 여기서는 24시간 계속 단체생활을 해야 하니 더 힘듭니다. 그리고 얼마 전엔 주특기 교육훈련 중에 작은 실수를 해서

○○○ 상병한테 심하게 혼난 뒤로는 또 실수할까 봐 두려워서 자신감도 많이 떨어졌습니다. 이대로 가다간 계속 부적응 병사로 낙인찍힐까 봐 두렵습니다.

소대장(상담자) : 음. 박 이병이 대인관계에서 어려움을 경험하고 있구나! 소대의 막내이면서 선임병들에게 자주 질책을 받아 자신감도 떨어졌고, 주변에 동기가 없어 혼자서 속앓이를 하면서 지냈을 것 같아서 많이 힘들었겠다. 소대장은 박 이병이 임무수행을 잘하든 못하든, 군 생활을 어떻게 하든지 간에 우리 박 이병을 인간적으로 존중해 주려고 노력할게! 다른 사람들이 박 이병을 어떻게 평가하든지 그건 나에게 중요하지 않아. 다만, 박 이병과 나와의 관계에서 우리가 얼마나 인간적으로 친밀한지, 또 서로가 얼마나 신뢰하고 있는지가 더 중요하다고 생각해.

3) 공감적 이해

공감적 이해는 '지금-여기'에서 나타나는 감정과 경험을 상담자가 민감하고 정확하게 이해하는 것을 의미한다. 로저스는 공감을 "상담자가 마치(as if) 자기 자신인 것처럼 지각하고 이해하며, 그 이해한 것을 내담자에게 전달하는 것"이라고 정의하였다. 중요한 점은 내담자의 주관

적 감정 세계를 경험하되 자신의 사사로운 의견이나 감정을 덧붙이지 않고, 내담자의 감정에 동참하되 거기에 함몰되지 않아야 한다는 것이다. 또한, 로저스는 공감적 이해에 대해서 "정확한 공감적 이해는 치료자가 완전하게 내담자의 세계에 들어가는 것이다. 그것은 '지금-여기'에서 내담자가 경험하는 감정에 순간순간 민감함을 의미한다."라고 하였다.

공감적 이해는 진솔성과 무조건적인 긍정적 존중이 먼저 이루어져야 가능하다. 공감적 이해를 위해서 치료자는 위선의 가면을 벗고 진실한 모습으로 내담자의 모든 것을 있는 그대로 긍정적으로 존중하면서 그의 내면세계로 들어가 교감하며 동행하는 동반자가 되려는 노력이 필요하다.

로저스의 인간중심치료에서는 인간에게는 스스로 자신의 길을 발견하고 성장할 수 있는 '자기실현 동기'라는 잠재력이 있다고 가정한다. 상담자의 역할은 내담자 자신의 문제 해결 능력을 스스로 되찾고 인간적인 성숙을 돕는 것이어야 한다. 따라서 상담자는 지시적 조언이나 무의식의 권위적 해석을 하기보다 내담자의 핵심 감정을 공감적으로 반영하는 것에 주력해야 한다. 내담자는 상담자의 이러한 태도와 반응으로 인해 자신의 감정을 깊게 탐색하면서 불안과 분노 등 과거에 외면했던 부정적 감정을 수용하고 왜곡된 경험 의식의 구속에서 벗어나 본연의 자기 모습을 되찾고 잠재력을 발휘하게 된다.

입대한 병사들은 군이라는 통제된 환경 속에서 생각과 감정이 억압되어 심리적 불편감을 경험할 가능성이 크다. 이러한 내담자들을 마음속 깊은 곳으로부터 공감하려고 노력할 때 내담자가 진심으로 마음의 문을 열고 상담자와 소통하려고 할 것이다. 상담자의 공감적 이해는 내담자의 긍정적 변화에 치료적 효과가 있다. 구체적으로 살펴보면 공감적 이해는 내담자의 소외와 외로움을 해소해 주고, 내담자에게 자신의 있는 모습 그대로가 가치 있다는 느낌이 들도록 내담자가 자신에게 부여해 왔던 여러 가지 제한과 한계에서 자유로울 수 있는 기회를 제공하고, 공감적 이해를 통해 내담자는 개성과 정체감을 느끼게 되어 스스로 가치 있는 인간으로 존재한다는 느낌을 갖게 해 준다.

　리더는 항상 부하의 눈높이에서 그들을 바라볼 수 있어야 한다. 일부 리더는 부하의 경험과 가치, 태도, 견해 등을 임의로 판단하여 해석하는 우를 범하기도 한다. 그러나 리더는 부하의 생각과 감정이 자신과 다를 수 있다는 점을 인정하고 이들을 이해하기 위해 노력해야 한다. 한편 심리적 고통을 호소하는 병사는 자신의 마음을 깊이 이해해 줄 수 있는 누군가가 간절하게 필요할지도 모른다. 이러한 병사의 마음을 공감 · 수용해 주는 것은 매우 중요한 일이다.

공감적 이해의 예시

김 상병(내담자) : 소대장님, 얼마 전 여자 친구와 헤어지고 난 뒤부터 아무런 의욕이 생기지 않습니다. 더욱이 최근에는 저희 분대장인 박 병장과의 갈등으로 많이 불편합니다. 자꾸 뭘 지시하는데, 저는 의욕도 없고 무기력하고 자신감도 많이 떨어져서 어떤 일을 추진하는 것이 어렵습니다. 그러면 박 병장은 고함을 치면서 화를 냅니다. 그런 박 병장을 볼 때마다 또 뭐라고 할까 봐 두렵고 위축됩니다. 가끔 야간 경계근무를 설 때 여자 친구 생각이 너무 많이 나서 견디기 어려울 때가 있고, 밤에도 잠이 잘 오지 않아서 다음 날 체력적으로도 많이 힘듭니다. 마음을 추스르려 해도 생각만큼 잘 되지 않고, 한숨만 나오고 가슴이 답답합니다. 어떻게 하면 좋겠습니까?

소대장(상담자) : 김 상병은 지금 여자 친구와 헤어진 뒤로 슬픈 감정 때문에 많이 힘들겠네! 더군다나 의욕도 많이 꺾인 상태에서 박 병장과의 갈등 때문에 답답하고 걱정이 참 많겠구나!

김 상병(내담자) : 네, 슬픈 마음이 진정이 잘 안 되고, 제 마음대로 밖에 나갈 수도 없어서 정말 답답했습니다. 더군다나 박 병장은 그런 제 마음도 몰라 주고 계속 저한테 뭐라고 하니까 화도 많이 났고, 아무것도 하기가 싫었습니다. 그래도 다시 마음을 잡고 남은 군 생활 잘 해 보고 싶습니다.

소대장(상담자) : 김 상병은 여자 친구와의 이별에 대한 슬픔과 선임병과의 갈등으로 인해 군 생활에 적응하는 데 어려움을 경험하고 있고, 걱정이 많은 것이지? 그렇지만 김 상병 마음속에 예전처럼 열심히 군 생활을 하기를 기대하고 있고, 자신감을 되찾고 싶은 마음이 있다는 것이 느껴져. 자, 앞으로 어떻게 하면 현재의 문제를 해결할 수 있을지 우리 둘이 함께 생각해 보기로 하자.

첫 번째 단계에서는 여자 친구와의 이별에 대한 이야기를 나누어 볼까? 그러고 나서 박 병장과의 관계 개선 방향에 관해서 이야기하기로 하자.

2. 군 상담에 대한 오해

군 상담에 대해 리더와 병사는 가끔 오해를 하기도 한다. 그렇다면 실제 야전부대의 구성원은 군 상담에 대해 어떠한 잘못된 인식을 가지고 있는지 살펴보도록 하자.

우선 리더의 측면에서 살펴보면, 부대의 간부 중 일부는 상담의 기능에 대한 고정관념을 가지고 있다. 이를테면 상담은 내담자의 고충을 해결하는 것, 적극적으로 조치하고 조언하는 등의 적극적 개입을 하는 것, 훈시 등을 통해 교육하고 지도함으로써 내담자를 변화시키는 활동이라고 알고 있는 경우가 많다. 또 어떤 리더는 상담을 잘 들어만 주면 되는 매우 단순한 과정으로 생각하고, 단지 몇 회의 상담만을 진행하고 나서 내담자가 변화되기를 기대하기도 한다. 그리고 상담자 스스로 기대하는 수준의 변화가 나타나지 않을 때, 상담의 효과성에 대해 의구심을 표하는 경우도 종종 발생한다. 특히 단기상담의 성격이 강한 군 상담은 가시적인 상담의 성과가 나타나는 것이 제한적임에도 불구하고 단기적이고 가시적인 성과를 기대하는 상담자가 많다. 어떤 리더는 단기적인 성과가 나타나지 않는다는 이유로 상담의 효과성에 의구심을 가지기도 한다. 그러나 상담은 결과가 아니라 과정이라는 점을 명심해야 한다. 어떠한 변화도 완전한 변화는 존재하지 않으며, 내담자는 계속 변화해 나가는 과정에 있는 것이다. 또한, 상담자와 내담자가 생각하는 적정한 수준의 합의된 목표가 존재해야 한다. 이러한 목표 없이 진행되는 상담은 아무런 효과 없이 끝날 수 있다는 점을 염두에 두어야 한다.

내담자인 병사의 측면에서 살펴보면, 병사들이 상담을 받는 것을 꺼리는 이유 중 하나는 상담은 문제 있는 인원들이 가서 치료받는 것으로 생각하는 경향이 있기 때문이다. 따라서 그러한 생각을 하는 병사는 자신이 아무런 문제가 없으며, 굳이 상담을 받아야 할 필요성을 느끼지 못할 가능성이 크다. 어떤 병사는 상담을 받고 싶지만 주변의 선임병이나 동료병사들이 자신을 관심병사로 낙인찍을까 두려워 상담받기를 꺼리기도 한다. 또 어떤 병사는 자신보다 상관인 지휘관에게 상담을 받는 것에 대한 두려움이 있을 수도 있고, 비밀이 보장되지 않을 것이라는 막연한 걱정으로 인해 상담에 대해 부정적으로 인식하기도 한다.

3. 자주 범하는 오류

군 상담장면에서 내담자들은 종종 상담을 받고 나서 오히려 실망하기도 한다. 어떤 내담자는 상담 직후에 "이런 것이 상담이라면 상담은 내 인생에 별로 도움이 되지 않는 것이 분명하다."라든지 "너무 힘들어서 이해받고 싶었는데, 이해는커녕 상담자가 본인 군 생활했던 이야기만 늘어놓는 것을 보고 허탈했다."라고 호소하기도 한다. 또 어떤 내담자는 "상담자가 형사처럼 자기의 신상이나 비밀스러운 부분을 자꾸 꼬치꼬치 물어보는 것이 몹시 불편했다."라는 반응을 보이기도 한다. "상담자의 모습이 너무 권위적이었고, 분위기가 엄숙해서 상담받는 내내 긴장되고 마음속 이야기를 꺼내 볼 엄두도 못 냈다." "내 얘기를 집중해서 듣지 않는 것 같아 무시당하는 것 같았고, 마치 형식적인 대화처럼 느껴졌다."라는 이야기도 자주 한다. 이러한 내담자의 반응은 군 상담자뿐 아니라 상담에 대해 불신할 수 있다는 점을 시사한다. 더욱 유념해야 할 점은 이렇게 실망한 인원들은 주변의 그 누구도 자신에게 도움이 되지 않는다고 생각할 수 있어서 더 깊은 좌절감을 느낄 수 있다는 것이다.

초급 장교를 양성하는 학교기관(육사, 3사, 학군교 등)과 소대장 및 중대장을 집중적으로 교육하는 보수교육기관(초등 · 고등군사교육기관) 등에서 군 상담교육을 받은 대부분의 리더는 상담에서 중요한 공감의 중요성, 경청의 자세, 상담자의 태도, 각종 상담기법 등을 학습하고 야전부대에 배치된다. 그러나 일반 민간인 상담자에 비해 교육 시간도 짧고 실습체계가 없어서 실제 군 상담 장면(야전부대)에서 범하는 실수들은 민간 분야에서 전문적 수련을 받은 초심상담자가 범할 수 있는 실수들보다 더 강력한 상담의 실패 요인이 될 수 있다.

그렇다면 군 상담장면에서 리더(상담자)가 자주 범하는 오류에는 어떠한 것들이 있는지 살펴보도록 하자. 이러한 오류들은 상담에 대한 잘못된 인식에서 발생하기도 하고, 상담과정 전반에 대한 이해 부족에서 기인하는 것일 수도 있다. 경험의 부족, 소통 능력의 부재, 상담자로서의 자기 이해 부족, 이중적 관계의 한계성 등으로 발생할 수도 있다.

근본적으로 상담의 본질은 내담자의 자기이해를 도모하여 보다 인간적으로 성숙할 수 있는 토대를 마련해 주는 학습과정이며 상담자와 내담자가 협력적 작업 동맹을 형성하여 함께 문제를 해결해 나가는 과정이다. 또한, 상담의 초점은 내담자에게 맞추어져 진행되어야 하고, 상담자와 내담자의 인간적인 만남을 통해 새로운 관계를 경험하는 것이 중요하다.

그러나 일부 리더(관리자)는 군 생활과 인생 경험이 내담자보다 더 많고 지위나 계급이 더 높다는 이유로 평가적 자세를 취하는 경우가 많다. 이들은 자신이 문제의 정답을 알고 있는 것처럼 대화하기도 하며 일방적으로 내담자(부하)에게 조언이나 충고를 하고 심지어 훈계하는 경우도 있다. 내담자는 이러한 상담이 자신에게 별로 유익하지 않다고 생각할 수 있고, 상담자의 권위적인 모습에 실망할지도 모른다. 특히 외로움과 소외감, 좌절감과 낙담으로 인해 심리적 고통을 경험하는 내담자들이 공감적인 이해를 받지 못하게 되면, 주변의 어떤 누구도 자기 자신을 이해하지 못한다는 생각을 가질 수 있다. 다음의 내용에는 구체적으로 군 상담 장면에서 리더-상담자가 자주 범하는 오류에 대해 언급하였고, 관련 사례를 제시하였다.

1) 폐쇄적 질문하기

일부 상담자는 내담자에 대한 정보를 가능한 한 많이 수집하려는 욕심에 지나치게 많은 폐쇄적 질문을 한다. 상담자가 폐쇄적 질문을 많이 하면 내담자에게 다양한 반응을 얻을 수 없고, 질문이 요구하는 대답이 한정되어 있어서 상담 진행이 부자연스러울 뿐 아니라 내담자의 마음을 깊은 수준에서 탐색하는 것이 어려워진다. 이러한 질문의 형태는 상담의 흐름을 저해할 뿐만 아니라 내담자의 이야기를 풍부하게 이끌어 내지 못한다. 만일 폐쇄적 질문의 빈도가 높거나 정보수집을 위한 목적으로 질문을 하면 상담 내용이 표면적인 수준에 머물게 되고, 내담자는 계속해서 형식적이고 단편적인 대답만을 하게 될 것이다.

폐쇄적 질문의 예시

소대장(상담자) : 요즘 부대가 많이 바쁘고 힘든데, 잘 적응하고 있니?

최 이병(내담자) : 네, 이제 나름대로 잘 적응하고 있습니다.

소대장(상담자) : 음. 최 이병도 이제 전입해 온 지 100일 정도 됐는데, 선임병들과는 잘 지내고 있니?

최 이병(내담자) : 네. 선임병들이 잘해 주십니다.

소대장(상담자) : 음. 선임병들이 잘해 준다고 하니 참 다행이구나! 그럼 요즘 부모님께는 가끔 연락드리고?

최 이병(내담자) : 네, 일주일에 한 번 연락드리고 있습니다.

소대장(상담자) : 집에 별일은 없고?

최 이병(내담자) : 네, 부모님 모두 건강하게 잘 지내십니다.

소대장(상담자) : 혹시 군 생활 하면서 내가 도와줘야 할 것이나 애로사항이 있니?

최 이병(내담자) : 네, 현재까지는 없습니다.

소대장(상담자) : 아까 오전에 일과시작 전에 표정이 어두워 보이던데, 무슨 일 있는 것은 아니고?

최 이병(내담자) : 네, 특별한 일은 없습니다. 좀 피곤해서 그랬던 것 같습니다.

소대장(상담자) : 음, 어제 불침번 근무 서느라 많이 피곤한 건 아니니?

최 이병(내담자) : 네, 조금 그런 것 같습니다.

---

2) 충고하기

어떤 간부(상담자)들은 내담자의 문제를 빨리 해결해 줘야 한다는 생각이 강해 너무나 많은 충고를 하고 만다. 마치 문제의 답을

알고 있는 것처럼 행동하는 것이다. 이들은 자신이 즉시 이 문제를 해결해야만 할 것 같은 중압감과 과도한 책임감을 느끼고 있을 수 있다. 만일 상담자가 내담자에게 충고를 한다면 두 가지 측면에서 부작용이 나타날 수 있다.

첫째, 상담자의 의도와 달리 내담자가 강하게 저항할 수 있다. 이들은 이미 자신의 문제에 대해 주변 사람들에게 많은 피드백을 받았을 가능성이 크다. 그러므로 그들이 상담자에게 기대하는 것은 문제 해결책이 아닐 수 있다. 내담자들이 과연 자신의 문제에 대해 답을 알지 못해서 힘들어 하는 것일까? 이것은 마치 담배가 몸에 매우 해롭기 때문에 금연해야 하는 것을 너무나 잘 알지만 실제로 금연하는 것이 어려운 것과 같은 이치일 수 있다. 또한, 상담자가 얘기한 충고가 이치에 맞는 말이라도 내담자가 받아들일 준비가 되어 있지 않으면 아무런 의미가 없다.

둘째, 섣부른 충고를 하면 상담에서의 내담자는 주도권을 잃은 채 상담자에게 의존하게 될 수 있다. 이렇게 되면 내담자가 자기 문제에 대해 진지하게 고민하는 기회를 잃게 된다. 상담의 근본목적은 내담자의 인간적 성장이라는 점을 잊지 말아야 한다. 즉, 내담자가 성장하기 위해서는 일정 기간의 학습이 필요하다. 내담자에게 답을 알려 주거나 해결책을 주는 것은 내담자의 의존심을 더욱 키울 뿐 아니라 학습과정에 방해가 될 수 있다.

내담자에게 필요한 것은 스스로 문제를 해결할 힘이다. 내담자에게 어떤 문제가 발생할 때마다 누군가가 일방적으로 방향을 제시하거나 답을 준다면 그 내담자는 스스로 문제를 해결하는 방법에 대해서 배우지 못한다. 따라서 상담자는 내담자 스스로 당면한 문제에 대해서 어떻게 생각하는지, 그러한 문제를 해결하기 위해 이 내담자가 할 수 있는 노력은 무엇인지에 대해 경청해야 할 뿐만 아니라 내담자와 함께 문제를 해결해 나가려는 노력을 해야만 한다.

충고하기의 예시

소대장(상담자) : 박 일병, 요즘 어떤 고민이 있어서 상담받으러 온 거지?

박 일병(내담자) : 네, 요즘 통 의욕이 없고, 부모님 생각도 나고 여자 친구도 보고 싶습니다. 매사에 무기력하고 우울한 것 같습니다.

소대장(상담자) : 음. 지금까지 임무수행도 잘하고 대인관계도 원만해서 군 생활 잘 적응하고 있는 줄 알았는데, 지금 많이 힘든가 보구나!

내가 보기에는 박 일병에게 전환점 같은 게 필요한 것 같다. 원래 군 생활하다 보면 가끔 매너리즘에 빠지기도 하고, 복무 염증이 생기기도 하지. 그럴 때는 부대원들과 함께 축구나 족구도 하고, 단체운동을 하면서 지내면 한결 나아질 거야. 박 일병이 자대배치 받은 지 얼마나 되었지?

박 일병(내담자) : 지금 한…… 8개월쯤 되었습니다.

소대장(상담자) : 음. 원래 그 정도 되면 선임병들과 후임병들 사이에서 눈치 보느라 많이 힘들 수 있어. 지금의 힘든 점들을 극복하기 위해서는 박 일병이 좀 더 군 생활을 긍정적으로 바라보고, 곧 상병으로 진급하면 나아질 거라는 믿음을 가지면 현재보다 더 나아질 거라고 생각해.

박 일병(내담자) : 그렇지만 긍정적으로 해 보려고 해도 저는 그게 잘 안 됩니다. 그리고 지금 제 모습을 보면 좀처럼 나아질 기미가 보이지 않습니다.

소대장(상담자) : 음, 그렇다면 힘들 때마다 나를 위해 기도하고 계실 어머니를 떠올려 봐. 그리고 멀리서 나를 응원하고 있을 형과 동생, 친구들을 생각하면서 버텨 보면 도움이 될 수도 있을 것 같다. 그리고 선임병들 나름대로는 군 생활을 더 잘해 보려고 하다 보면 험한 말도 하게 되는 것 같으니 그런 점을 좀 더 이해하려고 노력하면 어떨까?

3) 상담의 초점이 상담자에게 맞춰지는 것

어떤 상담자는 상담장면에서 너무 많은 이야기를 한다. 이들은 내담자의 이야기를 경청하기보다 말하는 것을 더 좋아한다. 특히 이렇게 말하는 것이 내담자한테 긍정적인 영향을 줄 것이라고 믿는다. 그러나 상담자와 내담자의 인식은 분명한 차이가 있다. 내담자는 상담자가 기대하는 만큼 상담의 성과에 만족하지 않는다. 또한, 상담자가 말을 많이 하다 보면 상담의 초점이 내담자가 아닌 상담자에게 맞추어져 상담의 본질을 왜곡하기 쉽다. 심지어 본인이 상담을 받으러 갔다가 오히려 상담을 해 주고 왔다는 병사도 있다. 상담자가 너무 많이 말하다 보니 상담자의 이야기가 중심이 되어 진행되었고, 내담자가 상담자의 말을 일방적으로 듣기만 했다는 것이다. 이 내담자가 다음번에 이러한 상담자를 찾을 일은 없을 것이다. 상담자는 상담의 초점이 항상 내담자에게 맞추어져 있어야 한다는 점을 분명하게 인식하고 있어야 하며 이러한 태도는 일관성 있게 유지되어야 한다.

상담의 초점이 상담자에게 맞춰지는 것의 예시

소대장(상담자): 박 일병, 지난 번 유격훈련 때 표정이 굉장히 어두워 보였는데, 무슨 일이 있는 거니?

박 일병(내담자): 특별히 힘든 점은 없습니다. 훈련이나 교육, 작업 같은 건 견딜 만합니다. 그런데…….

소대장(상담자): 음. 어떤 다른 문제가 있니?

박 일병(내담자): 사실 단체생활이 많이 어렵습니다. 제가 원래 소심하고 내성적인 성격인데 여기서 선·후임들과 매일 같은 생활관에서 지내는 것이 힘듭니다. 왠지 모르게 눈치도 보이고, 가만히 있으면 뭐가 불안합니다.

소대장(상담자) : 음. 단체생활이라는 것이 쉽지는 않을 거야. 지금까지 내 군
　　　　　　　생활 경험을 돌이켜보면 가장 힘든 점이 인간관계인 것 같아.
　　　　　　　지금도 일부 간부들과 갈등이 있어서 원만한 관계를 유지하는
　　　　　　　것이 쉽지는 않아.

박 일병(내담자) : 아! 예.

소대장(상담자) : 특히 부소대장과 자주 의견이 충돌해 곤혹스러울 때가 많지.
　　　　　　　그럴 땐 나도 어떻게 대처해야 할지 참 난감해. 나는 규정과
　　　　　　　방침대로 하려고 하는데, 자꾸 경험이 더 중요하다면서 지금
　　　　　　　까지 해 왔던 방식을 자꾸 고집하려는 것이 잘 이해가 안 돼.
　　　　　　　부대 업무를 잘 수행하기 위해서는 원칙이 중요한 데 말이지.

박 일병(내담자) : 네, 맞습니다. 부소대장과의 갈등 때문에 어려움이 있으시겠
　　　　　　　습니다.

4) 부적절한 주의 집중

일부 상담자는 내담자의 이야기를 들으면서 자신이 무슨 말을 해야 할지 생각하느라 내담자 이야기를 주의 깊게 경청하지 못한다. 자기 생각에 너무 빠져 있으면 상담이 산만하게 진행되어 핵심 문제들을 다루지 못할 수 있다. 이러한 경우 표면적으로는 내담자의 이야기를 주의 깊게 경청하는 것처럼 보이지만 진정한 공감적 경청을 하는 것이 아니다. 특히 상담자가 경청의 중요한 요소인 '적절히 반응해 주기'와 '핵심 감정 읽어 주기' '내담자의 비언어적 패턴 감지하기' 등을 할 수 없게 된다.

따라서 상담자는 내담자의 내면에 흐르는 감정과 생각들을 읽고 내담자의 말 속에 담긴 핵심 메시지를 파악하는 데 주력해야 한다. 그러나 충분히 수련 받지 않은 상담자라면 이러한 노력이 쉽지는 않을 것이다. 이를 위해 먼저 내담자의 이야기 흐름을 잘 따라가는 데 초점을 맞출 것을 권장한다. 이후에는 차츰 내담자의 언어적 메시지나 비언어적 메시지의 단서 속에 담긴 핵심 정서나 신념, 경험 등을 감지하고 중요한 지점에서 더 깊게 내담자가 스스로 탐색할 수 있도록 촉진해 주는 노력이 요구된다.

부적절한 주의 집중의 예시

소대장(상담자) : 박 일병은 어떤 어려움이 있어서 소대장을 찾아왔지?

박 일병(내담자) : 요즘 부모님 사이가 좋지 않아서 걱정입니다. 서로 대화를 전혀 하지 않으시는 것 같습니다. 혹여나 잘못된 생각과 판단을 하실까 봐 걱정됩니다.

소대장(상담자) : (이혼하신다는 얘긴가? 내 부모님도 요즘 관계가 좋지 않으시던데, 일과 이후 연락이라도 한번 드려봐야겠다. 그나저나 도대체 내가 지금 무슨 말을 어떻게 해 줘야 할까?)

박 일병(내담자) : 소대장님. 제 말을 듣고 계십니까? 저 너무 힘듭니다. 도와주십시오.

---

5) 과도한 자기 개방하기

어떤 상담자는 지나치게 자기를 개방한다. 이들은 내담자에게 자신의 유능함을 나타내기 위하여 자신의 군 생활이나 인생 경험담을 늘어놓는다. 내담자가 군 생활에서 경험하는 문제는 상담자 자신이 예전에 군 생활했던 당시의 문제들과 비슷한 점이 많을 수 있어서 자기 개방 욕구는 더욱 강해질 수 있다. 자기 개방은 적당하면 효과적일 수 있지만 지나치면 오히려 내담자에게 해가 된다. 자기 개방은 상담자 본인이 의도하지는 않았지만, 예전에 해결했던 방식을 암묵적으로 내담자에게 적용하도록 강요할 수 있다. 그러나 한 개인의 문제 해결 방식은 그 사람이 처해 있는 상황과 개인의 내적 자원, 주변 사람들의 지지 여부 등에 따라 많은 차이가 있을 수 있다. 따라서 자신의 문제 해결 방식이 정답인 것처럼 이야기하는 것은 바람직하지 않다.

일부 내담자는 자신의 이야기를 하기 위해 상담을 신청했지만, 상담자의 과도한 자기 개방 때문에 오히려 상담자의 이야기만 듣다가 상담을 끝내는 경험을 하기도 한다. 상담자는 자기 개방을 하더라도 내담자에게 도움이 되는 방향으로 해야 하며, 상담의 초점은 항상 내담자에게 있다는 점을 인식하고 있어야 한다. 만일 상담자가 보기에 자기 개방이 필요하다고 느낄 경우에는 내담자의 경험과 연관 지어서 이야기를 하되 가급적 짧게 하는 것이 좋다. 그리고 자기 개방 이후에는 상담의 초점을 다시 내담자에게 맞추려는 노력을 의식적으로 해야 한다.

분명한 것은 적절한 자기개방은 내담자와 상담자 간의 동질감을 자극하여 친밀감을 높이고, 모범적인 자기탐색의 방법을 제시해 주는 기능을 한다. 적절한 자기 개방의 방법은 다음과 같다.

- 내담자의 느낌·경험과 유사한 상담자의 경험을 이야기한다.
- 상담자의 유사한 경험에서 느낀 감정을 구체적 용어로 표현한다.
- 상담자의 자기 개방이 길어지면, 내담자의 감정이 사라질 수 있으므로, 다섯 문장 이내로 짧게 한다.
- 공감(한 문장) → 자신의 경험(한 문장 또는 두 문장) → 당시 느낌 표현(한 문장) → 내담자 이해와 초점 맞추기(한 문장)

상담자의 자기 개방 예시

소대장(상담자) : 최근, 어떤 어려움이 있는지 말해줄래?

박 일병(내담자) : 2년 넘게 사귄 여자 친구가 어제 저녁에 전화로 헤어지자고 했습니다. 입대 전에는 아무런 문제가 없었는데, 얼마 전부터 연락이 뜸해지더니 결국 이렇게 되었습니다. 저한테 이런 일이 생기다니 믿어지지 않습니다. 신교대 입대하는 날 저를 배웅해 주면서 꼭 기다리겠다고 약속했는데, 배신감이 들기도 하고 화도 납니다.

[적절한 자기 개방 예]

소대장(상담자) : (공감) 음. 박 일병이 많이 힘들겠구나! (자기 경험) 소대장도 대학교 4학년 때, 3년 정도 사귀었던 여자 친구와 헤어진 경험이 있어. (당시 느낌) 그때 정말 많이 힘들어서 눈물도 많이 흘렸지. 내가 정말 잘해 주었는데, 어느 날 갑자기 이별을 통보해서 나도 박 일병처럼 배신감도 느꼈지. (내담자 이해와 초점 맞추기) 그래서 그 기분이 어떤 건지 알 수 있을 것 같은데……. 무슨 일이 있었는지…… 좀 더 지금 기분을 말해 줄 수 있니?

[과도한 자기 개방 예]

소대장(상담자) : 그 말을 믿었어? 순진하긴…… 박 일병도 때가 됐구만…… '일
말상초'란 말 알지? 소대장도 생도 3학년 때 여자 친구가 고
무신 거꾸로 신었지, 그 여자 친구와는 어떻게 만났는지 알아
(그 여자 친구와 만나서 사귀게 된 경험담을 이야기함)? 그 여
자 친구와는 어떻게 헤어졌는지 알아(그 여자 친구와 헤어지게
된 계기를 이야기함)? 그 이후에 새로운 여자를 만나게 되었
어. 지금 소대장 애인이지. 헤어질 때는 하늘이 무너질 것 같은
데, 금방 괜찮아지더라고. 그러니까 박 일병도 지금은 많이 힘
들겠지만 잘 견디고 참으면 괜찮아질거야.

박 일병(내담자) : 예, 알겠습니다.

6) 침묵에 부적절하게 대응하기

상담을 진행하다 보면 침묵 상황이 올 수 있다. 이때 일부 상담
자는 내담자가 불안해하지는 않는지, 지루해하지는 않는지, 상담
진행이 부자연스러운 것은 아닌지 등을 염려한다. 그래서 성급하
게 침묵을 깨뜨리고 도움이 되지 않는 말을 하여 상담의 흐름을
저해하는 결과를 낳기도 한다.

어떤 리더는 상담장면에서 침묵이 발생하면 이러한 상황 자체
가 대화의 단절을 의미하는 것으로 생각하기도 한다. 그러나 상담
장면에서의 침묵은 다양한 의미를 내포하고 있는 비언어적 요소
다. 따라서 상담자는 침묵의 의미에 대해 충분히 이해하고 있어야

출처: 영화 〈침묵〉

하며, 상담자와 내담자의 특성, 상담의 분위기, 주제, 신뢰감과 친
근감의 정도, 전반적인 흐름이나 맥락 등에 따라 침묵의 의미도
달라질 수 있음을 숙지하고 있어야 한다. 내담자가 침묵하는 이유
가 잠시 숙고의 시간을 가지기 위해서일 수 있으며, 이 경우 상담
자는 내담자가 생각이 정리되고 말을 할 때까지 기다려 주는 것이
좋다. 분위기가 어색하거나 무슨 말을 해야 할지 모를 경우에도
침묵하는 경우가 있는데, 이때는 상담자가 자연스럽게 현재 느껴
지는 기분이나 침묵하는 동안 어떤 생각이 들었는지 등을 물어봄
으로써 대화를 이끌어 나갈 수도 있다. 가끔 비자발적인 내담자의
경우, 저항의 의미로 침묵하기도 한다. 이러한 경우에는 내담자에
게 구체적으로 무엇이 불편한지 물어 보고, 불편한 점을 다루어
보는 것도 필요하다.

침묵에 부적절하게 대응하기의 예시

소대장(상담자) : 박 일병. 요즘 부모님 사이는 어떠시니? 저번에 많이 걱정하
　　　　　　　　던데, 관계가 좋아지셨니?

박 일병(내담자) : (망설임. 주저함) 네······.

소대장(상담자) : 뭐라고? 좋아지셨다는 거야?

박 일병(내담자) : (망설임. 주저함) 네······.

소대장(상담자) : 표정은 전혀 그렇지 않은데. 남자답게 다 털어놔! 두 분 사이
　　　　　　　　가 어떠셔?

박 일병(내담자) : (망설임. 주저함) 별로십니다.

소대장(상담자) : 답답하다. 어떻게 별로시라는 거야. 이혼이라도 하시겠데? 빨
　　　　　　　　리 얘기해! 너 말고 상담할 인원 많으니깐 빨리 얘기해 봐.

7) 친밀한 관계만을 유지하기

상담자와 내담자 간의 친밀감 형성은 상담의 성과에 긍정적 영향을 미치는 중요한 요소 중 하나다. 그러나 종종 일부 상담자들은 친밀감의 중요성에 대해 과도하게 집착하여 도와주는 사람으로서 해야 할 역할을 망각하는 경우가 있다. 이러한 경우 상담 장면에서의 대화는 공감대 형성을 위한 단순한 흥밋거리에 그칠 수 있다. 이러한 상황에서 내담자는 친밀한 관계를 유지하는 것과 관련된 주제만을 논의하게 될 가능성이 크고, 정작 다루어야 할 자신의 개인적인 문제들은 논의하지 못하게 되기도 한다. 가끔 어떤 상담자들은 분위기를 부드럽게 하기 위해서 스포츠나 연예 관련

이야기 등을 하기도 한다. 그러나 이 경우 본래의 의도와 다르게 상담이 전개될 수 있음을 명심하자. 왜냐하면 상담의 전체 맥락에서 볼 때, 정작 중요하게 다뤄야 할 주제를 다루지 못하고 회기를 마치게 될 수도 있기 때문이다.

상담에서 다루어야 할 주제는 우리가 일상적으로 경험하는 대화에서의 주제와 차별되어야 하므로 상담자와 내담자의 관계도 독특한 형태를 지닌다. 상담과정은 학습과정임을 명심해야 하며 내담자가 현재보다 더 건설적이고 생산적인 삶을 살아가게 하기 위한 작업동맹 관계임을 잊지 말아야 한다. 이는 단순한 친분관계를 넘어서는 삶의 긍정적 변화를 위한 협력관계이며, 이를 위해 상담자는 상담과정에 대한 일정한 틀과 기준을 설정하여 내담자가 자신의 역할과 책임에 대해 분명하게 인식할 수 있도록 도와야 한다.

친밀한 관계만을 유지하기의 예시

소대장(상담자) : 박 일병은 어떤 스포츠 좋아해?

박 일병(내담자) : 전 야구 좋아합니다.

소대장(상담자) : 나도 야구 정말 좋아하는데, 혹시 어떤 팀 좋아해?

박 일병(내담자) : 예, 저는 두산 팬입니다.

소대장(상담자) : 오! 반갑네. 나도 두산 정말 좋아하는데…… 그중에서도 김현수 선수의 팬이야.

박 일병(내담자) : 아! 소대장님과 뭔가 통하는 게 있는 것 같습니다.

8) 단기간에 많은 문제를 다루기

일부 상담자들은 내담자가 쏟아내는 여러 문제를 모두 다루려는 경향이 있다. 이러한 태도는 유익하지 않다. 모든 문제를 다루려고 한다면 상담의 초점은 흐려지고, 상담의 목표를 세우는 것조차 쉽지 않을 수 있다. 오히려 내담자가 호소하는 문제의 초점이나 다루어야 할 주제를 단순화하고 분명하게 만드는 것이 효과적이다. 따라서 상담에서 다루어야 할 내용을 잘 정리해서 선택과 집중의 원칙을 적용할 필요가 있다. 상담자는 내담자와 합의하여 내담자가 가장 먼저 해결하고 싶거나 변화하고 싶은 것들을 중심으로 우선순위를 평가해 보는 것이 유익할 수 있다. 특히 군대 내에서의 상담처럼 단기상담의 특성을 취할 수밖에 없는 환경에서는 더욱 그러하다. 상담자는 한 번에 많은 문제를 다루는 것이 오히려 역효과를 낳을 수 있다는 점을 알아야 한다.

단기간에 많은 문제를 다루기 예시

소대장(상담자) : 요즘 박 일병의 문제가 뭐야?

박 일병(내담자) : 무서운 선임들 때문에 군 생활에 적응하기가 너무 힘듭니다.

소대장(상담자) : 그래? 그리고 다른 문제는 없어?

박 일병(내담자) : 친한 친구가 많이 아프다고 해서 걱정이 됩니다.

소대장(상담자) : 그래? 그리고 부모님 사이는 좋아지셨니?

박 일병(내담자) : 네. 요즘엔 대화도 좀 하시는 것 같고 해서 안심이 좀 됩니다.

9) 감정의 표현을 억제하기

전문 상담자일수록 내담자가 내면의 감정을 표현하는 것이 치료적 효과가 있다는 것을 잘 알고 있다. 그러나 어떤 상담자는 내담자가 부정적 감정을 느끼고 표현하는 것을 차단하는 경향이 있다. 이들은 기본적으로 내담자의 부정적인 감정을 느끼는 것에 두려움을 가지고 있거나 혹은 그러한 감정을 갖는 것이 상담의 역효과라고 오인하기도 한다. 특히 일부 상담자는 내담자의 부정적인 감정 표현이 자신의 실수로 발생한 것으로 생각하면서 죄책감을 느낄 수 있다. 결과적으로 이들 상담자는 좋은 감정 상태를 유지하려고 하는 데 집중하며, 이러한 상태가 유지되는 것이 이들에게는 상담이 잘 이루어지고 있다는 근거로서 작용할 수도 있다.

어떤 내담자는 정서를 지나치게 통제하고 억압하는 성향 때문에 부적응을 경험하거나 부적응과 관련된 증상이 나타난다는 점을 이해해야 한다. 정서를 지나치게 통제하고 억제하는 것은 환경에 빠르게 반응할 수 있는 능력을 빼앗고 스트레스를 유발하기 때문이다. 상담자는 내담자가 자신의 상황에 적절한 방식으로 정서를 조절하는 것이 심리적인 건강의 지표임을 알아야 한다.

감정의 표현을 억제하기의 예시

소대장(상담자) : 박 일병은 무슨 문제로 힘들어서 소대장을 찾아왔지?

박 일병(내담자) : (매우 어둡고 울먹이는 표정으로) 여자 친구가 임신한 것 같습니다.

소대장(상담자) : 그래? 겨우 그런 문제로 울 것 같은 인상을 쓰고 있는 거야? 박 일병. 여기는 군대야. 계급사회에서는 아무리 힘들고 어려운 순간에도 상관 앞에서 밝은 표정을 유지해야 하는 거야. 힘든 것은 이해하지만 그래도 기본은 지켜야 하는 거야. 알겠어?

박 일병(내담자) : (억지 웃음을 지으며) 네. 알겠습니다.

10) 부적절한 경청의 태도

　일부 지휘관이나 간부는 팔짱을 낀 채 내담자의 이야기를 듣거나 다리를 꼬기도 하고, 상체를 뒤로 젖혀 거만한 자세를 취하기도

한다. 이러한 자세는 내담자에게 매우 권위적이라는 인상을 줄 수 있을 뿐 아니라 신뢰감과 친밀감 형성에 부정적인 영향을 줄 수 있다. 어떤 상담자는 경청의 의미를 잘못 이해하기도 한다. 예를 들어 내담자의 이야기를 무조건 잘 들어주는 것으로 알고 있는 것이다. 이러한 상담자는 자신은 아무 말도 하지 않고, 오로지 내담자의 이야기를 시종일관 집중해서 듣는 것을 경청이라고 믿고 있다.

진정한 경청은 내담자의 언어적 메시지를 적극적으로 들을 뿐만 아니라 비언어적 메시지(표정, 눈빛, 억양, 자세, 몸짓 등)까지 관찰하여 내담자가 생각이나 느낌을 자유롭게 표현할 수 있도록 능동적으로 반응하는 것이다. 따라서 경청의 핵심은 상담자가 내담자의 세계에 참여하고, 지속적인 관심을 보일 뿐만 아니라 함께 느끼고 생각하는 전 과정을 포괄하는 것이다. 즉, 진정한 의미에서 잘 들어준다는 것은 '적극적 경청'을 하는 것을 말한다. 이처럼 상담자가 적극적인 경청을 하면 내담자와의 신뢰감 형성에 긍정적인 영향을 미치며 더 나아가 내담자의 내면적인 생각이나 깊은 수준의 정서를 이끌어 낼 수 있다.

11) 비밀보장의 한계와 책임을 설명해 주지 않음

일부 상담자는 상담 시작 전 내담자에게 비밀보장의 원칙을 알려 주지 않는 오류를 범한다. 비밀보장의 원칙을 알려 주지 않는 것은 여러모로 비효율적이다. 특히 내담자가 상담에서 안전감을 느끼는 데 가장 먼저 고려하는 것이 비밀보장의 유무이기 때문이다. 만약 내담자가 조금이라도 비밀이 보장되지 않을 것이라는 믿음을 갖게 되면 마음의 문을 닫아 버릴 수 있다.

일상생활의 예를 들어보면, 우리는 누군가에게 쉽게 말 못 할 고민을 털어놓고 싶거나 마음의 응어리를 풀고 싶은 때가 종종 있다. 그럴 때 주변의 지인에게 속마음을 털어놓기로 결심했지만 막상 상대방의 입이 가벼워서 왠지 자신의 이야기가 새어 나갈까 봐 염려된다. 반면 상대방이 자신에게 들은 얘기를 절대 제3자에게 말하지 않을 것이라는 믿음이 생기면 어떠한 얘기라도 그에게는 자연스럽게 할 수 있을 것이다. 또 이야기하기 전에 우리는 습관적으로 "아무한테도 이야기하지 말아 줘!" 혹은 "이 얘기는 반드시 우리 둘만의 비밀이야!" "오프 더 레코드 할게!" 등의 안심이 되는 말을 하고 나서 속마음을 털어놓은 경험이 있을 것이다.

상담자가 내담자에게 비밀보장의 원칙을 분명하게 설명해 주고, 서로 이러한 원칙을 깨지 않겠다고 약속하는 것은 일종의 의식이며 상징적인 의미가 담겨 있다. 이것은 안전하고 신뢰가 가는 상담 분위기를 조성하는 데 매우 필수적인 부분임을 명심해야 한다.

비밀보장의 한계와 책임을 설명해 주지 않는 것의 예시

소대장(상담자) : 김 상병은 요즘 어떤 고민이 있지? 평상시와 달리 표정이 어두워 보여서 소대장이 걱정이 되는구나.

김 상병(내담자) : 네. 소대장님. 제가 여자 친구를 정말로 사랑하는 것은 알고 계시지 않습니까?

소대장(상담자) : 그럼. 저번 상담 간에도 김 상병이 여자 친구와 너무 잘 지내고 있다며 매우 기뻐하던 것이 생생한데. 여전히 잘 지내지?

김 상병(내담자) : 네. 너무 잘 지내고 있어 행복합니다. 그런데 걱정이 있습니다. 여자 친구가 임신을 한 것 같습니다. 얼마 전에 테스트를 해 봤는데, 양성반응이 나왔다며 어떻게 하냐고 한참을 울었습니다. 저 어떻게 해야 합니까?

소대장(상담자) : 음. 그래. 병원에는 가봤니?

김 상병(내담자) : 여자 친구가 임신이 맞을까봐 두렵다며 도저히 못 가겠답니다. 제가 휴가를 나갈 수 있는 것도 아니고 너무 답답합니다.

소대장(상담자) : 그래. 김 상병이 걱정이 많겠구나. 내가 이 사실을 중대장님께 보고 드리고, 휴가 건의를 드려 볼게.

김 상병(내담자) : 아닙니다. 소대장님이야 항상 편하게 대해 주시니 말씀을 드린 거지, 다른 분들은 이 사실을 모르셨으면 좋겠습니다.

소대장(상담자) : 그건 김 상병이 잘못 생각하고 있는 거야. 지휘관들은 병사들의 이런 신상까지도 다 알고 조치해야 하는 거야. 내가 이 사실을 상담기록에 포함시키고, 정상적으로 보고해서 김 상병의 고민을 조치해 줄게.

김 상병(내담자) : 소대장님. 제발 부탁입니다. 제 여자 친구도 다른 사람이 이 사실을 알았다는 것을 알면 더 큰 충격을 받을 것 같습니다.

소대장(상담자) : 아니라니깐. 여자 친구도 정상적인 보고에 의한 조치를 긍정적으로 생각할거야. 임신이라면 몇 주 정도 된 거야?

김 상병(내담자) : 아닙니다. 더 이상 말씀드리고 싶지 않습니다.

비밀보장의 원리

내담자의 개인적 특성이나 상담 내용에 대하여 비밀을 보장한다는 것은 내담자에게는 자기존중감의 체험이고, 상담자와의 인간관계 성립이며, 상담자에게는 직업적·윤리적 의무다. 또한, 내담자인 부하들이 안전하다는 느낌을 갖게 하도록 여건을 조성하기 위해 반드시 비밀보장의 원칙을 알려 줘야 한다.

한편 군 집단의 특성상 내담자의 모든 이야기에 대해 비밀을 보장할 수는 없다. 가령, 내담자가 자살시도를 할 것 같다든지, 타인에게 위해를 가할 우려가 있는 경우, 심각한 정신적 문제로 인해 외부 전문가의 도움이 필요한 경우 등은 지휘계통을 통해 정식 보고되어야 한다. 이는 내담자를 위한 적절한 지휘조치를 취하여 내담자를 보호하려는 목적으로 시행되어야 한다. 상담자는 상담 전 반드시 내담자에게 비밀보장의 원리를 교육하고 상담을 진행하는 것이 좋다.

① 비밀보장 약속이 부하 자신과 타인, 조직에 심각한 위해를 가할 것이 분명한 상황에서는 지켜지지 않을 수 있다.
② 타인 및 조직에 위해가 우려될 경우에는 적절한 절차를 통해 지휘계통이나 문제 해결에 도움을 줄 수 있는 정신과 군의관, 군종장교, 병영생활 전문상담관, 지역기관 전문가 등에게 알릴 수 있다.
③ 문제가 심각하여 판단이 곤란할 경우에는 상급자, 동료, 전문가에게 의뢰한다.
④ 내담자인 부하에게 비밀보장의 한계와 책임을 충분히 설명해야 한다.

12) 지나치게 정보 탐색에만 몰두하는 상담자

어떤 상담자는 자신이 내담자의 모든 개인정보를 확인해야 한다는 강박관념에 사로잡혀 마치 상담자가 아니라 형사가 취조하는 듯한 인상을 풍기기도 한다. 이러한 태도는 내담자에게 강한 저항을 불러일으키는 요인이 된다. 물론 내담자를 잘 이해하기 위해서는 탐색의 과정이 중요하다. 그러나 그것은 오직 내담자의 삶을 이해하고 더 나은 도움을 주려는 방책을 설정하기 위한 것이지 탐색 자체가 상담의 목적은 아니다.

리더는 자신의 부하를 관리하고 책임져야 하는 막중한 임무를 부여받았다. 그래서 부하들의 신상을 정확하게 파악하여 생활지도 기록부에 꼼꼼하게 작성함으로써 병력 관리에 더욱 신중을 기해야 한다는 생각이 강하다. 더욱이 상급부대에서는 그 기록을 확인하여 간부들의 임무수행을 평가하고, 각종 사고 시 그 자료를 근거로 처벌 여부 및 수위를 판단하기 때문에 철저한 기록을 매우 중요하게 생각한다. 아무래도 이러한 생각과 태도가 지나친 정보탐색 중심의 상담으로 변질하는 데 큰 영향을 미치는 것으로 보인다. 만약 지나치게 탐색 중심으로 상담을 진행하게 되면 내담자는 진심으로 공감적인 이해와 수용받는 경험을 하지 못하게 된다. 전체 상담의 흐름 또한 부자연스러워진다. 이러한 부자연스러움은 두 사람이 핑퐁 대화를 하듯이 무미건조한 분위기를 연출할 수 있다.

상담자가 분명하게 인식하고 있어야 할 점은 내담자에 대해 이해하려는 것이 상담자 자신의 욕구 때문인지 혹은 내담자를 위한 것인지 여부다. 상담에서는 현재 내담자가 얼마나 힘든 상황에 놓여 있고, 어떤 상태인지 그리고 그에게 가장 필요한 것은 무엇인지를 먼저 파악하고 핵심 감정을 읽어 주려는 노력이 더 중요하다.

정보 탐색에만 몰두하는 상담자의 예시

소대장(상담자) : 김 일병은 부대에서 친하게 지내는 인원이 몇 명이나 되지?

김 일병(내담자) : 3명 정도 되는 것 같습니다.

소대장(상담자) : 지금 여자 친구와 교제한 지 얼마나 되었지?

김 일병(내담자) : 예, 한 2년 정도 되었습니다.

소대장(상담자) : 형제관계가 어떻게 되지?

김 일병(내담자) : 위로 누나가 한 명 있고, 남동생이 있습니다.

소대장(상담자) : 부모님은 어디에 거주하고 계셔? 어떤 일을 하시지?

김 일병(내담자) : 어머니는 전업주부이시고, 아버지는 무역업에 종사하십니다.

소대장(상담자) : 부대생활하면서 다치거나 아픈 데는 없니?

김 일병(내담자) : 지난 번 훈련하다가 발목을 삐끗했는데, 그 이후로 꾸준히 진료받아서 지금은 거의 나았습니다. 그 외에 특별히 아픈 곳은 없습니다.

【생각해 봅시다!】 인간의 주요 감정과 정서반응의 의미

① 두려움 : 위험하거나 위협적인 상황을 느끼면서 그것을 피할 방법을 모를 때 유발됨.

② 불안

　가. 공포의 원인을 모를 때 유발되는 공포의 일반적인 상태

　나. 심리적 불편함을 느끼면서도 그 원인을 모르는 상태, 일정한 대상 없이 전반적으로 걱정이 많은 상태

③ 기쁨

　가. 바라던 목표가 달성되었을 때 생기는 감정

　나. 그 강도는 목표의 중요성, 획득하는 과정에서 겪는 어려움, 획득의 우연성 정도에 의해 결정됨

④ 분노 : 목표달성과 관련되어 있으며, 목표획득을 좌절시키는 사람과 사물에 의해 유발됨.

⑤ 성공감과 실패감

　가. 자신의 수행 결과를 자신의 기대와 비교해 볼 때 생김

　나. 성공감은 기대를 만족시켰거나 그 이상일 때, 실패감은 기대에 미치지 못했을 때 생김

⑥ 자부심과 수치심 : 자신의 행위가 자신의 기대에 미치는지를 평가하여 자신을 좋게 혹은 나쁘게 지각할 때 유발됨.

⑦ 죄책감

　가. 자신의 행동이 잘못되었거나 비도덕적인 것으로 지각되었을 때 유발됨.

　나. 자기의 이상적 자아에 일치하지 못하거나 사회적인 행동 기준을 깨뜨리는 경우 수치감과 죄책감을 복합적으로 느끼게 됨.

⑧ 사랑

　가. 타인에게 이끌리고 또 이끌리고 싶은 욕망을 느낄 때 유발됨.

　나. 사랑하는 사람에 대한 헌신의 감정도 사랑의 특징임.

⑨ 증오 : 타인을 싫어할 뿐만 아니라 그 대상을 파괴하고 싶은 욕망의 정서임.

⑩ 질투 : 사랑하는 사람이 자신이 아닌 타인에게 애정을 준다고 지각할 때 생기는 정서임.

⑪ 시기

　가. 자신이 바라는 어떤 것을 타인이 소유하고 있다고 지각할 때 생기는 정서임.

　나. 사랑, 증오, 질투, 시기는 그 상황적 조건이 타인과의 관계라는 점이 공통적임.

제**2**부

군 리더가 알아야 할 상담 기술

들어가며……

군대의 리더인 지휘관들은 일방적인 대화 패턴을 즐겨 사용한다. 일과 시간의 대부분 상호작용을 일방적 지시와 수용의 형태로 만들어 간다. 지휘관은 지시하고, 부하는 수용하는 것이다. 군대에서 진행되는 간담회나 토의도 크게 다르지 않다. 잠시 리더가 부하의 말을 듣는 경우에도 현상을 파악하는 정도로 참고만 할 뿐 내면의 상호작용이 이루어지는 것은 아니다. 군대의 조직 문화적 특수성이 일상의 대화에 반영되는 것이다. 이것이 잘못되었다는 것을 말하는 것은 이 책의 의도와는 거리가 멀다. 군대의 존재목적이 국가의 존폐위기에서 극단적 수단과 방법으로 문제를 해결하는 것이기 때문에, 강력한 위계적 의사결정은 군대의 필수적인 구성 요소이기 때문이다.

그러나 이러한 의사소통 양식으로 인해서 군대의 임무 외적 일상생활에서의 대화조차도 위계적이고 지시적으로 이루어진다면 리더의 리더십 발휘는 매우 제한될 수밖에 없다. 아니 실패할 수도 있다. 성공하는 리더들은 장면에 따른 대화 모드의 전환이 빠르고 효과적으로 이루어진다. 임무수행 중의 대화방식과 면담이나 상담과 같은 부대원들의 사기를 고양하는 장면에서의 대화방식이 다르게 적용되는 것이다. 야전 지휘관들이 겪는 곤란함도 이러한 상태 전환의 어려움에서 기인한다.

이 장에서는 부하의 심리나 성격을 탐색하고, 이해하는 구체적 기술을 심리검사라는 수단을 통해 소개하려고 한다. 그리고 심리상담 전문가들이 말하는 상담적 대화, 즉 소통을 통해 치유가 이루어지는 대화기법을 소개하고자 한다.

제 **4** 장
심리검사 기술

상담의 원리를 설명하는 수많은 상담 서적에서 공통으로 제시하는 원리가 개별화의 원리다. 개별화의 원리란, 상담자가 모든 내담자를 각각의 개별적 차이를 지닌 독특한 하나의 인간으로서 이해해야 한다는 것을 의미한다. 심리검사의 역사도 개인차를 전제함으로 시작되었다.

심리검사란 내담자의 개별적 원리를 이해하기 위해 개인에게 영향을 미치는 환경적 자극을 그 개인이 어떻게 해석하고 처리하는지, 그 경향성을 파악하기 위한 도구다.

이 책에서 심리검사를 설명하면서 개인차를 강조하는 이유는 대부분의 지휘관이 자신이 지휘하는 부대의 부하를 하나의 무리로 바라보는 오류를 범하는 것이 안타깝기 때문이다. 사실 부대는 개별적 특색을 지닌 개인들이 모여 있는 것이다. 부대원 전원이 인구통계학적으로 일치하는 것이 전혀 없을 수도 있다. 물론 지휘관은 작전을 구상하고 지휘를 하는 과정에서 부대원 각각의 개별적 특징을 고려할 필요가 없을 수도 있다. 하지만 부대를 관리하고 리더십을 발휘하는 측면에서 접근한다면, 한 명의 부대원에 대한 지휘관의 관심과 이해가 부대 전체를 지휘하는 것에 큰 영향을 미친다는 것은 부인할 수 없다. 그러므로 개별화의 원리, 개인차의 인정과 관심은 리더십 발휘에 매우 중요한 요건임이 틀림없다.

1. 심리검사를 대하는 군 리더의 태도

경험이 많은 지휘관은 경험적 요소로 부하를 유형화한다. 개념이 있는 부하와 무개념 부하, 이것저것 다 잘하는 기능적인 부하, 노력은 하지만 별 기능이 없는 부하 등이다. 이러한 경험적 유형화가 완전히 엉터리라고 할 수는 없지만, 상당 부분 리더 개인의 편견으로 오염되어 있는 것이 사실이다.

심리학은 과학이다. 병사 개개인에 대한 정보도 수치화되어 지휘관에게 제공된다. 심리적 정보도 수치화되어 병영생활 지도기록부(이하 '생지부')에 제시되어 있다. 이렇게 수치화되어 제공된 부하에 대한 정보를 정확하고 올바르게 이해하고 있는 초급 지휘자나 지휘관은 드물다. 전문 영역으로 치부하고 회피하거나 부하에게 꼬리표 붙이기(labelling)를 하는 치명적 실수를 범하기도 한다.

지금 시대의 리더는 심리학, 특히 상담 관련 지식을 갖추어야 한다. 자신의 손에 주어진 부하의 생지부에 명시된 심리검사 결과에 무지해서는 안 된다.

1) 심리검사를 어디에 활용할 것인가

심리검사는 지휘관은 물론 병사에게도 많은 정보를 제공한다. 지휘관은 병사 개인의 심리적 특성과 그가 지니고 있는 문제를 이해하고 적절한 도움을 주기 위한 정보가 필요하다. 병사는 지금까지 살아오면서 자기 내면을 거울로 들여다본 적이 없기 때문에 어쩌면 처음으로 자신의 마음을 거울에 비춰 보는 기회가 될 수 있다. 즉, 객관화를 할 수 있다.

생지부에는 친절하게도 심리검사 결과가 해석되어 있다. 여러 검사에 대한 검사 결과의 수치와 해석이 있는데, 각 검사에 대한 자세한 설명은 뒤에 하고, 이러한 결과를 어디에 활용할 것인지에 대해 알아보자.*

---

* 해결중심 상담 모형(Hood & Johson, 1997)을 통해 심리검사의 활용 방법을 설명하겠다.

문제를 지니고 있는 병사의 문제를 스스로 인식하고 받아들일 수 있도록 돕는다.   내담자 병사는 먼저 자신의 문제가 무엇인지 확인하고 받아들여야 한다. 대부분의 문제 병사는 자신의 문제를 회피하거나 부인하려고 한다. 문제에 대한 외부귀인(external attribution), 즉 남 탓, 상황 탓을 하는 것이다. 내담자가 자신의 문제를 회피하거나 부인하면 적절하게 문제를 해결하기 어렵다. 그렇다고 해서 지휘관이 "이 문제의 원인은 바로 너야!"라고 말하는 것은 바람직하지 않다. 이는 문제를 더욱 심각하게 만든다.

심리검사 결과는 문제에 대한 이해를 높이기 위해 사용한다. 또한, 자신에 대한 인식과 탐색 능력을 키우는 측면에서 활용되기도 한다. 상담자인 지휘관과 내담자인 병사가 함께 문제를 확인할 수 있다는 점에서 리더와 부하 간에 긴밀한 관계가 형성될 수도 있다.

문제의 본질을 명확하게 규명하도록 돕는다.   심리검사는 문제 병사의 내면적 본질을 명확히 이해하도록 도움을 준다. 예를 들어, 여러 훈련에서 자신감이 부족한 병사가 있다면, 불안 수치는 자신의 성격에서 자신감과 관련된 특징과 정도를 파악하는 데 필수적인 정보가 된다. 이 정보를 토대로 리더는 부하의 자신감을 회복하도록 도움을 줄 수 있으며, 해당 병사는 일상생활에서도 자신감이 부족한 자신의 모습을 인정할 수 있게 된다. 자신을 인정하는 것만으로도 치유는 시작된다.

해결 방법을 찾을 수 있도록 돕는다. 리더와 부하는 문제를 해결하기 위한 방법을 찾기 위해 노력해야 한다. 심리검사는 문제 해결 방법을 모색할 수 있도록 돕는다. 예를 들어, 전역 후 진로를 걱정하는 병사에게는 자신의 성격이 어떤 직종에 적합한지 탐색할 수 있게 한다. 자신의 문제점을 다른 각도에서 바라볼 수 있도록 하여 강점으로 재인식할 수 있게 하기도 한다. 예민함을 세심함으로, 강박을 철저함으로 인식할 수 있다. 이 힘은 강력하다.

마음의 결정을 돕는다. 해결책은 다양하다. 여러 해결 방법 중 하나를 선택하기는 쉽지 않다. 선택을 위해서는 예상되는 결과를 평가해야 한다. 지휘관은 문제 병사를 위한 적절한 해결 방법을 제시하고 돕기 위해 검사 결과를 활용할 수 있다. 예컨대, 신인성 검사의 경우 문제 병사를 위한 개입 활동, 즉 병영생활 전문상담관을 만날 수 있게 한다든지, 비전캠프 입소 권유, 멘토 병사 연결 등 여러 방안을 제시하고 적절한 방법을 병사 스스로 판단할 수 있도록 함께 고민할 수 있다.

변화를 확인하게 돕는다. 심리검사는 객관적 수치를 제공한다. 상담 등 조력 활동을 마치고 목표를 위해 변화된 시도를 해 본 후, 문제 병사에게 어떠한 변화가 있는지 확인하기 위해 심리검사를 해서 변화 양상을 눈으로 확인할 수 있다. 물론 야전 지휘관들이 직접 심리검사를 하기에는 제한사항이 많다. 이런 경우, 병영생활 전문상담관을 적극적으로 활용하는 것이 좋다. 그들은 전문지식과 여러 심리검사를 보유하고 있다. 자신의 눈으로 변화를 확인한 병사는 문제 해결에 대한 자신감을 극대화할 수 있다. 심리적 위안이 된다. 걱정하지 마라. 작지만 변화는 항상 있다.

2) 부하에게 무엇을, 어떻게 설명할 것인가

사실 심리검사 결과를 병사에게 설명하기란 쉽지 않다. 어떻게 보면 전문적인 영역일 수도 있다. 그래서 매우 중요한 일이다. 검사 결과를 설명하는 방법에 따라서 조력 활동의 성패가 뒤바뀔 수도 있기 때문이다. 다음은 심리검사를 해석할 때 고려해야 할 사항이다.

무조건 공감이 우선이다.   생각해 봐라. 한 젊은이가 군대라는 곳에 와서 계급 높은 당신과 마주하고 자신의 심리검사 결과를 가운데 놓고 앉아 있다면, 그 병사의 심정은 어떨지 느껴 봐라. 내색하지는 않겠지만, 두렵기도 하고, 긴장되며, 걱정이 많이 될 것이다. 심리검사를 하고 난 뒤에 병사의 소감을 듣고 이에 관해 이야기를 나누는 것으로 결과 설명을 시작해야 한다.

왜 검사를 하는지 알아야 한다.   심리검사는 다양한 목적으로 시행될 수 있다. 부하의 심리(내적) 상태를 파악하기 위함일 수도 있고, 선발 및 평가를 하기 위함일 수도 있다. 하지만 심리검사 전문가가 아닌 이상 병리적 진단과 평가를 위해 검사도구를 사용하는 것은 문제가 있다. 군대의 리더가 부하를 대상으로 심리검사를 시행할 때에는 자신이 전문가가 아니라는 것을 스스로 인정해야 한다. 대부분의 군 리더들이 범하는 오류는 심리검사 결과를 바탕으로 부하를 낙인찍는 것이다. 예를 들어, 한 부하의 MMPI-II 검사 척도 7(강박증)이 높게 나왔다고 해서 그 부하를 강박증 환자로 바라보는 것은 무리가 있다는 것이다. 그 부하의 강박 경향이 그 사람의 인생 어디에서 기인한 것인지, 어떤 형태로 삶에 영향을 미치는지에 대해 이야기를 나누어 보는 것이 더욱 바람직하다. 어쩌면 그 부하의 강박 경향이 치밀하고 꼼꼼함으로 발현되어 당신의 조직에 도움이 될 수도 있기 때문이다.

검사를 진행하면서 어려웠던 점이 있었는지 확인해라.　이해하기 어려웠던 문항이 있었는지, 무슨 생각을 하면서 검사에 임했는지 이야기를 들어볼 필요가 있다. 과거 유사한 검사 경험이 있었는지 확인하는 것도 유용하다. 이러한 과정을 통해 부하와 상호작용할 수도 있고, 검사자와 피검사자 간의 신뢰감이 형성되며, 피검사자가 검사 결과를 받아들이는 과정에서 거부감이나 방어하고자 하는 마음을 줄일 수 있다.

언제, 어디서 검사를 할 것인가?　심리검사는 같은 검사라도 실시하는 장소나 분위기에 따라 결과가 크게 달라질 수 있다. 가장 바람직한 것은 가장 표준화된 곳에서 실시하는 것이지만, 공개적인 병영의 환경이 심리검사에 크게 적합하다고 할 수는 없다. 특정 병사 한 명을 검사해야 할 경우라면, 상담실 또는 지휘관 사무실 등 비공개적이고 안정적인 장소가 좋다. 검사에 집중할 수 있고, 다른 사람들로부터 보호되어야 한다.

한 병사가 심리검사를 한다는 사실을 다른 병사들이 알게 될 경우, 불필요한 오해가 생길 수 있기 때문에 검사를 실시하는 간부는 이 점을 간과해서는 안 된다. 이런 점에서 볼 때, 되도록 심리검사는 전 병력을 대상으로 이루어지는 것이 바람직하다. 하지만 전 병력을 검사하는 것이 부담될 수 있으므로, 리더가 가장 먼저 고려해야 할 것은 부하에게 심리검사에 대해 이해를 시키는 것이다. 그리고 심리검사가 특정 개인의 어떤 문제를 확인하고 발견하기 위해서라기보다는 진단하고 탐색하며 개인의 내적 상태를 점검하기 위한 것이라고 인식하도록 노력해야 한다. 예를 들어, 신병의 전입 시, 진급 시, 또는 반기 내지는 년 단위로 주기적으로 검사를 시행하여 이를 시스템화한다면 불필요한 오해나 낙인에서 자유로워질 수 있다. 검사를 해석할 때에도 검사를 실시한 환경과 시기에 대해 고려해야 한다.

결론적으로 군대에서 비전문가인 군 리더들에 의해 진행되는 심리검사는 병리적 진단을 목적으로 이루어져서는 안 된다. 심리검사 결과를 통해 부하와 상호작용하고, 어떤 특징에 관해 이야기를 나눌 수 있는 소재로 활용하는 것이 바람직하다. 전문적 심리검사를 활용하는 리더의 모습에서 부하들이 자신의 적응과 성장에 대한 관심과 배려를 느낄 수 있도록 해야 한다. 즉, 군대에서 심리검사는 진단의 도구보다는 리더와 부하 간 신뢰의 도구로 활용될 수 있음을 명심해야 할 것이다.

2. 군대에서 사용하는 심리검사

이미 우리나라 군대는 심리검사에 대한 이해가 깊다. 국방부는 1971년부터 심리학자들로 구성된 선병위원회를 조직하여 징병을 위한 심리검사를 개발하여 사용해 왔다. 1971년에는 190문항으로 구성된 '인성검사'를 제작하여 사용했으며, 1999년에는 '병무청 인성검사'를, 2010년부터는 현재 사용되고 있는 '군 신인성검사'를 선병에 활용하고 있다. '신인성검사'는 최근까지도 검사도구의 신뢰도 및 타당도 검증 작업을 통해 발전시켜 나가고 있다.

특히 '신인성검사'는 2010년부터 병영에서 활용되기 시작했는데, 현역 병사들을 대상으로 하는 검사의 적용과 발전과정은 [그림 4-1]과 같다.

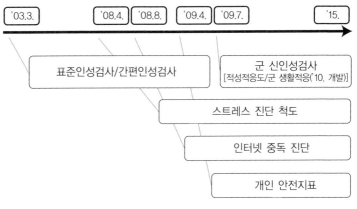

[그림 4-1] 자대용 심리검사 변천과정

1) 군대 심리검사 활용 방법(육군)

대부분의 초급 지휘자는 야전에서 과학적 심리검사를 사용하는 데 어려움을 느낀다. 그 어려움은 무관심에서 기인한다. 의외로 육군에서 제공하는 심리검사 도구들은 접근과 활용이 매우 쉽다. 육군정보포털에서 제공하는 검사이기 때문에 화면 캡쳐가 제한되므로 사용 및 활용 방법을 글과 표로 제시하겠다.

[육군정보포털] 홈페이지 좌측 하단, [주요정보바로가기]에 [육군안전문화]를 클릭하면 [육군안전문화] 홈페이지로 이동한다. [육군안전문화] 홈페이지 우측 하단을 보면, [과학적 식별도구]에 '신인성검사' '인터넷 중독 진단' '개인안전지표' '스트레스 진단' 등 네 개의 배너가 제공된다. 특히 '스트레스 진단'을 클릭하면, 개인이 간편하게 자가진단을 할 수 있도록 [정신건강 자가진단 V

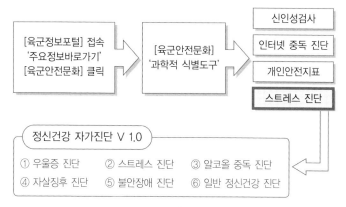

[그림 4-2] 육군 심리검사 접속방법

1.0으로 접속할 수 있다.

[정신건강 자가진단 V 1.0]에서는 스트레스 진단은 물론 우울증, 알코올 중독, 자살징후, 불안장애, 일반 정신건강 진단 등 총 여섯 가지 온라인 심리검사 서비스를 제공하고 있다. 사용도 매우 간편하고 결과 또한 누구나 알기 쉽게 제시되므로 야전에서 초급 지휘자들이 병력을 대상으로 활용하기 쉽다.

이 책에서는 병사들의 병영생활기록부에 첨부되어 있는 '신인성검사'와 '문장완성검사(Sentence Completion Test: SCT)*'에 대해 설명하겠다.

---

* 병사들의 생활지도기록부에는 '나의 성장기'로 되어 있다. 과거 '나의 성장기'를 과학적 의미 없이 작성, 활용하였는데, 현재는 투사형 심리검사인 문장완성검사로 고안(考案)하여 활용하고 있다.

2) 신인성검사

신인성검사*는 한국국방연구원(Korea Institute for Defense Analyses: KIDA) 행동과학연구실에서 만든 과학적 심리검사 도구다. 신인성검사 병사용은 크게 징병 및 입영신검 단계에서 실시하는 복무적합도 검사, 신병교육 단계에서 실시하는 군 생활 적응검사, 자대복무 단계에서 실시하는 적성적응도 검사 등 세 종류의 하위 검사로 이루어져 있다.

(1) 복무적합도 검사

복무적합도 검사는 입영 대상자(장정) 중 심리적 장애가 있는 자원을 사전에 식별하여 장정들의 입대 결정 여부를 종합적으로 파악하는 기능을 한다. 이 검사는 입대 직후 육군훈련소 등 각 훈련소에서 입영대대 병사들을 대상으로 한 번 더 시행한다. 훈련소에서는 군 복무 적합 여부를 확인하며, 정신과적 문제를 파악하기 위한 목적으로 시행된다. 그 결과는 생지부에 첨부되어 병사들의 자대로 보내진다.

---

* 신인성검사 관련 내용은 한국국방연구원(KIDA) 인트라넷 홈페이지 게시자료를 참고하여 작성하였다.

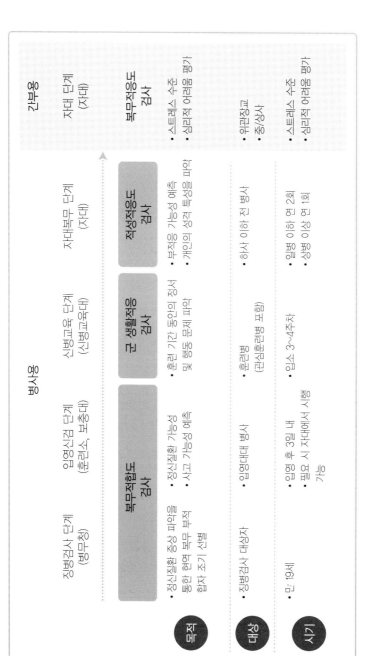

[그림 4-3] 신인성검사 종류

출처: 한국국방연구원(2013).

(2) 군 생활 적응검사

'군 생활 적응검사'는 신병교육단계의 정서적 어려움을 확인하기 위해 훈련병들을 대상으로 시행되는 검사다. 현재 병사가 겪고 있는 어려움을 파악하여 군 생활에 잘 적응할 수 있도록 도움을 주는 자료로 활용된다. 이 결과는 신병교육을 받는 병사의 정신건강 참고자료와 병영생활 전문상담관 및 전문가 의뢰용으로 활용되며, 해당 병사의 자대배치 시 생지부에 동봉되어 자대로 보낸다.

〈표 4-1〉 군 생활 적응검사 검사 결과표 구성

구 분		내 용
종합판정		검사 시행 시점에서의 전반적인 정서적 어려움과 심각성을 고려하여 판정
정서 영역		정서적 불편감이나 심리적 고통을 포함하는 심리 내적 요인을 다룸
행동화 영역		공격충동, 불복종, 대인관계 갈등 및 왜곡된 인지 등을 포함하는 외적으로 드러나는 행동적 요인을 다룸
기타	사고 혼란	망상이나 환각 등 정신증적 증상에 대한 내용을 포함 스트레스 등 유발 요인과의 전·후 관계를 탐색
	성 역할 갈등	육체적·정신적으로 남성으로서의 역할을 요구하는 군 조직에서의 적응 여부
	자살	구체적인 자살 계획을 세우고, 심한 경우 자살 시도를 하였을 가능성 여부
과거력		학창 시절 또래 관계, 법적 조치를 받은 경험, 본인 및 가족의 정신과 진료 경험

출처: 한국국방연구원(2013).

예시	군 생활 적응검사 결과표(MAI)

군번: ○○−○○○○○○○○   이름: 홍길동   검사일: 2015−10−21 오후 8:45:47
소속: 육군 ○사단 ○○대대 ○중대

종합	(G 양호 / Y 주의 / R 즉각 의뢰)
G	현재 군 생활 적응에서 특별한 어려움이 없습니다.

종합		(G 양호 / Y 주의 / R 즉각 의뢰)	
척도명		정도	내용
정서	우울	G	현재 정서적 어려움은 시사되지 않습니다.
	불안	G	
	신체화	G	
행동화	적대감	G	현재 행동화 문제가 시사되지 않습니다.
	편집 증상	G	
	품행 문제	증상 없음	

과거력

다음은 입대 전 경험에 대해 질문한 항목입니다.
다음 중 '●있다'로 응답한 항목은 추가 질문을 해 주시기 바랍니다.

학창 시절 또래 관계	① 전혀 원만하지 않았다 ② 별로 원만하지 않았다 ③ 원만한 편이었다 ❹ 매우 원만하였다
음주 문제	❶ 없다 ② 있다(언제? / 어떤 이유로?)
법적/훈방 조치 받은 경험	❶ 없다 ② 있다(언제? / 어떤 이유로?)
심리상담/정신과 치료를 받은 경험	❶ 없다 ② 있다 (언제? / 어떤 이유로? / 약물치료 경험?)
가족/친척 중 정신과 진단 및 치료를 받은 사람 유무	❶ 없다 ② 있다 (누가? / 언제?)
자살 시도 경험	❶ 없다 ② 있다 (언제? / 어떤 이유로? / 어떻게?)

[그림 4-4] 군 생활 적응검사 결과표

출처: 한국국방연구원(2013).

[종합판정]

종합판정은 검사 시행 시점에서의 전반적인 정서적 어려움과 심
각성을 고려하여 판정한 결과로, 지휘관의 관찰과 해당 검사 결과
가 불일치하는 경우에 해당 하위척도를 충분히 검토하여 활용되어
야 한다. 판정은 무응답, G(Green: 양호), Y(Yellow: 주의), R(Red: 즉
각 의뢰) 등 네 등급으로 나뉜다.

〈표 4-2〉 종합판정 등급 및 해석

판 정	해 석
무응답	다수의 문항에 응답하지 않아 검사 결과가 타당하지 않음
G(양호)	현재 군 생활 적응에 두드러지는 어려움이 없음
Y(주의)	지속적인 관심 또는 전문가 의뢰 필요
R(즉각 의뢰)	즉각적인 전문가 의뢰 필요

출처: 한국국방연구원(2013).

'무응답'은 검사 결과가 타당하지 않으므로 결과를 해석하는
것이 의미 없음을 나타낸다. '무응답'이 나왔다면 검사상의 오류
인지 피검자가 의도적으로 응답을 회피한 것인지, 검사 수행 중
어떤 심경으로 검사에 응했는지, 문항을 이해하지는 못했는지 등
을 확인할 필요가 있다.

Y(Yellow: 주의) 또는 R(Red: 즉각 의뢰) 등급이 판정된 경우, 결
과표 아래 제시된 [정신건강 증상]의 해당 문제 영역을 확인하고
지속적 주의관찰하는 것은 물론 즉각적으로 전문가에게 의뢰해
야 한다.

[정신건강 증상]

정신건강 증상은 종합판정의 결과를 세분화하여 하위척도별 이상 여부를 확인할 수 있도록 제시된 결과다. 척도는 크게 '정서' '행동화' '사고 혼란' '성 역할 갈등' '자살' '과거력' 등 여섯 가지 하위척도로 구분되어 있다.

① 정서 영역

정서 영역은 우울, 불안, 신체화 등 세 가지 하위척도로 구성되어 있다.

〈표 4-3〉 정서 영역의 척도 및 주요 내용

하위척도	주요 내용
우울	• 지난 한 달간의 우울한 기분, 즐거움의 저하, 식욕 부진을 포함 • 특히 자살척도와 동반 상승하는 경우, 현저한 우울감, 절망감으로 자살 가능성이 있으므로 유의해야 함
불안	• 지난 한 달간의 과도한 걱정, 불안, 긴장, 신체 증상 등을 반영 • 심한 경우 불안을 유발하는 상황을 회피, 거부하는 태도를 보임
신체화	• 지난 한 달간의 통증 관련 증상, 위장 관련 증상, 전환 증상 등 다양한 증상을 포함 • 정서적 어려움, 스트레스 등을 신체적 증상을 통해 간접적으로 호소하는 것일 수도 있음

출처: 한국국방연구원(2013).

각 하위척도의 판정 정도는 G(Green: 양호), Y(Yellow: 주의), R(Red: 즉각 의뢰)로 제시된다.

② 행동화 영역

행동화 영역은 적대감, 편집증상, 품행문제 등 세 가지 하위척도로 구성되어 있다.

💧〈표 4-4〉 행동화 영역의 척도 및 주요 내용

하위척도	주요 내용
적대감	• 지난 한 달간의 화나 분노감, 공격적 충동 등을 반영함 • 특히 최근 현저한 스트레스나 좌절, 과거 폭력 행동 경험이 있는 경우, 충동적이고 만족지연이 안 되는 경우 폭력 위험성이 가중되므로 유의해야 함
편집 증상	• 지난 한 달간의 타인 불신, 경계심, 분노감으로 인해 왜곡된 인지를 반영 • 주변에 경계적 태도, 악의를 품고 있다고 여겨 중립적인 상황에서 과민함
품행 문제	• 입대 전부터 사회적 · 도덕적 규범 무시, 타인 위협, 공감 능력, 죄책감이 부족함 • 학창 시절의 비행 행동, 법적 문제를 겪은 적이 있는지를 추가 확인 필요 • 단, 사고 유발 위험성을 높일 수 있지만 반드시 행동 문제를 일으키는 것은 아님

출처: 한국국방연구원(2013).

적대감과 편집 증상 척도의 판정은 G(Green: 양호), Y(Yellow: 주의), R(Red: 즉각 의뢰)로 제시되고, 품행 문제의 판정은 '증상 있음 / 증상 없음'으로 제시된다.

사고 혼란과 성 역할 갈등은 '증상 있음 / 증상 없음'으로, 자살은 '위험 있음 / 없음'으로 판정된다.

학창 시절 또래 관계, 법적 조치를 받은 경험, 본인 및 가족의 정신과 진료 경험 등의 과거력은 정신건강 증상과 부적응에 영향

📋〈표 4-5〉 기타 척도 및 주요 내용

하위척도	주요 내용
사고 혼란	• 정신증적 증상 내용 포함 • 망상, 환각은 극심한 스트레스, 심리적 이상으로 인한 부차적인 증상으로 나타나기도 함
성 역할 갈등	• 육체적 · 정신적으로 남성으로서의 역할을 요구하는 강한 군 조직에서의 적응여부 나타냄 • 육체적 요구가 많은 군사 임무에 대한 거부감, 남성적 성 역할 불편감 호소
자살	• 지난 한 달 동안 반복적으로 자살 생각이 있었으며 구체적인 자살계획을 세우고, 심한 경우 자살 시도를 하였을 가능성이 있음 • 과거 자살 시도 경험, 최근 굴욕감 · 수치심을 경험한 스트레스 사건이 있거나 분노감이 높은 경우 자살 위험성 가중됨

출처: 한국국방연구원(2013).

을 미칠 수 있으므로 확인이 필요하다. 과거력이 확인되는 경우, 시기, 빈도, 강도 등에 대해 구체적인 면담이 요구된다.

(3) 적성적응도 검사

'적성적응도 검사'는 병사의 자대복무 단계에서 시행되는 신인성검사의 한 종류다. 검사의 목적은 병영생활 부적응 병사의 심리적 특성을 파악하고, 사고나 부적응을 예측하여 예방하기 위한 참고 자료로 활용하기 위함이다. 또한, 주기적으로 부적응 여부와 개인의 성격 특성을 확인하여 병사들의 성공적인 병영생활을 위한 조력 및 지휘 참고 자료로 활용하기 위해 시행된다.

| 예시 | 적성적응도 검사 결과표 | 1 페이지 |

| 군번 | 00-00000000 | 성명 | 홍길동 | 검사일시 | 2015-10-21 오후 1:50:42 |

결과 요약

예측		자살	군탈	정신장애	일반부적응	
		*	*	*		
부적응	위험	앞으로의 군 생활에의 부적응이나 사고 가능성이 예측되며, 즉각적인 전문가 지원 및 도움이 필요합니다.				

반응왜곡척도	긍정왜곡	부정왜곡	희귀반응	비일관성	
	매우 낮음	매우 높음	높음	높음	

정서적 어려움이나 부적응을 과장하여 응답하였을 수 있습니다. 동시에 심한 정서적 어려움이나 부적응의 신호일 가능성도 있습니다. 따라서 본 검사 결과 해석에 신중을 기하십시오.

적응척도	조직적합성	집단협동성	군적응	순응성	현실검증력	자아존중감
	매우 낮음	매우 낮음	매우 낮음	매우 낮음	낮음	매우 낮음

기본적인 능력이 부족하여 임무수행에 곤란을 겪거나 상관이나 동기로부터 지적을 받을 가능성이 있습니다. 집단생활에서 자기주장이 강하고, 이기적인 태도를 보일 수 있습니다. 스트레스 상황에서 화나 분노감을 조절하지 못하고, 공격적이거나 자기파괴적인 행동을 할 수 있습니다. 내적인 우울감과 좌절감이 상승되어 있고, 앞으로의 군 생활에 대해서도 비관적인 태도를 보입니다. 객관적인 사실을 착각하거나 왜곡할 수 있으며, 심한 경우 망상이나 환각 등의 증상을 보일 수 있습니다. 자기 자신의 가치나 능력을 부정적으로 평가하고, 마땅히 의지할 만한 대상도 없다고 느낍니다.

적성성격척도	강인성	탐구성	창의성	배려성	주도성	성실성
	28	35	47	20	37	23
창의성	규율을 중요시하고 권위적인 분위기가 중요한 군 환경보다 자유롭고 창의적인 임무를 수행할 수 있는 군 환경에서 자신의 능력을 잘 발휘할 수 있습니다. 미적 감각과 창의성 그리고 감수성이 필요한 군대 내 임무를 선호합니다. 실수를 할 때 논리적이고 이성적인 접근보다 병사의 감정을 헤아린 후 접근하는 것이 필요합니다.					

			심리건강	자살 생각	*
해당 항목 규준점 이상인 경우 *표시가 됩니다. *항목에 대해서는 구체적인 면담이 필요합니다.				자살 의도	
				외상 후 스트레스	
병영생활	대인 간 괴롭힘	*	중독	도박 중독	
	상하 간 괴롭힘			인터넷 중독	*
	생활관 괴롭힘			환각물질 경험	
	성피해(목격)			알코올 문제	*
	성피해(경험)	*	가정환경	가족관계 갈등	*
개인특징	학교생활 문제	*		경제적 어려움	
	품행 문제	*	대인관계	대인관계 문제	*
	공격 행동			이성관계 문제	

예시	적성적응도 검사 세부척도 설명	2 페이지

군번	00-00000000	성명	홍길동	검사일시	2015-10-21 오후 1:50:42

반응왜곡척도	(그래프: 긍정왜곡 - 매우 낮음, 부정왜곡 - 매우 높음, 희귀반응 - 높음, 비일관성 - 보통)
긍정왜곡(설명)	사회적으로 바람직하게 보이도록 긍정적으로 응답하는 경향
부정왜곡(설명)	정서적 어려움이나 부적응을 실제보다 과장하는 경향
희귀반응(설명)	무선적으로 반응하거나 정서적 어려움이나 부적응을 지나치게 과장하는 경향
비일관성(설명)	비일관적으로 응답하거나 불성실하게 응답하는 경향

	강점			약점
적응척도	조직생활 적합성			조직적응 곤란
	집단협동성			자기주장성
	군적응			정서적 불편감
	순응성			공격성
	현실검증력			망상/환각
	자아존중감			낮은 자존감

조직생활 적합성	군 생활에서 요구되는 기본적인 능력이 부족하여 임무수행에서의 어려움을 겪을 수 있습니다.
집단협동성	타인에 대한 배려보다는 자기주장만을 고집하거나 이기적인 태도를 보여 병사 간의 갈등을 일으키거나 명령에 불복종할 가능성이 있습니다.
군적응	현재 우울감, 좌절감, 소외감, 무력감을 느끼며, 앞으로의 군 생활에 대해서도 비관적입니다. 군 생활에 적응할 수 있도록 해당 병사에 대한 심리상담 및 지원이 필요합니다.
순응성	사소한 자극에 대해서도 불쑥 화를 표출하거나 폭발적인 행동을 할 수 있어 병사 자신이나 타인에게 해를 입힐 수 있는 충동적인 행동에 유의해야 합니다.
현실검증력	다른 사람들이 이해하기 어려운 방식으로 생각하거나 판단할 수 있으며, 심한 정서적 어려움이나 부작용으로 인한 혼란감, 망상, 환각 증상을 보일 수 있습니다.
자아존중감	자아존중감이 낮아 매사 자신감이 없고, 소극적인 태도를 보일 수 있습니다. 주변으로부터 인정과 관심을 통해 병사의 장점을 발견해 주는 것이 도움이 됩니다.

예시	3 페이지

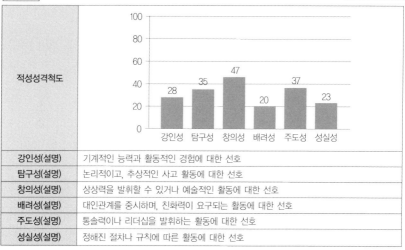

적성성격척도	(막대그래프) 강인성 28, 탐구성 35, 창의성 47, 배려성 20, 주도성 37, 성실성 23
강인성(설명)	기계적인 능력과 활동적인 경험에 대한 선호
탐구성(설명)	논리적이고, 추상적인 사고 활동에 대한 선호
창의성(설명)	상상력을 발휘할 수 있거나 예술적인 활동에 대한 선호
배려성(설명)	대인관계를 중시하며, 친화력이 요구되는 활동에 대한 선호
주도성(설명)	통솔력이나 리더십을 발휘하는 활동에 대한 선호
성실성(설명)	정해진 절차나 규칙에 따른 활동에 대한 선호

특수척도		반드시 ＊항목의 구체적인 문제 영역 및 내용을 확인하십시오.
심리건강	자살 생각	＊자살 생각이나 욕구가 있을 가능성이 있습니다.
	자살 의도	
	외상 후 스트레스	
중독	도박 중독	
	인터넷 중독	＊인터넷 중독 여부를 확인하십시오.
	환각물질 경험	
	알코올 문제	＊알코올 문제 여부를 확인하십시오.
병영생활	대인 간 괴롭힘	＊개인적 혹은 집단적 괴롭힘을 겪은 적이 있습니다.
	상하 간 괴롭힘	
	생활관 괴롭힘	
	성피해(목격)	
	성피해(경험)	＊병영생활에서 직접적인 성적 피해를 경험한 적이 있습니다.
가정환경	가족관계 갈등	＊가족이나 부모와의 갈등이 있을 가능성이 있습니다.
	경제적 어려움	
대인관계	대인관계 문제	＊대인관계에서의 어려움이 시사됩니다.
	이성관계 문제	
개인특징	학교생활 문제	＊학업 성적이 불량이거나 신분에 어긋난 행동을 한 적이 있습니다.
	품행 문제	＊사회규범을 위반하거나 다른 사람을 괴롭힌 적이 있습니다.
	공격 행동	

[그림 4-5] 군 생활 적응검사 결과표

출처: 한국국방연구원(2013).

🛡〈표 4-6〉 적성적응도 검사 결과표 구성

구 분	내 용
종합판정	검사 결과의 타당성과 앞으로 군 생활에서의 사고 가능성 및 개인의 특성을 종합적으로 제시
부적응 예측 유형	세부적인 부적응 예측 유형을 제시
반응왜곡척도	검사 결과의 타당성 여부를 판단하기 위한 척도
적응척도	군 생활 적응과 관련된 강점과 약점을 확인하기 위한 척도
적성성격척도	병사의 건강한 성격특성과 흥미유형을 제시하는 척도
특수척도	군 생활 적응과 관련된 구체적인 문제 영역 정보 제공

출처: 한국국방연구원(2013).

'적성적응도 검사' 결과표는 총 3페이지다. 1페이지는 검사에 대한 종합적 결과를 한눈에 볼 수 있도록 요약되어 있다. 2~3페이지는 1페이지의 내용을 좀 더 세부적으로 설명하고 있다. 1페이지 각 항목의 자세한 내용을 확인하고 싶다면 2~3페이지에서 해당 항목의 내용을 참고하면 된다.

병사들의 검사 결과를 해석하는 순서는 먼저 '반응왜곡척도'를 확인하여 검사 결과의 타당성을 확인해야 한다. 타당성이란 검사 결과가 피검자의 적성적응도를 얼마나 정확하게 반영하고 있는지에 대한 정도다. 타당하지 못한 검사 결과는 해석을 보류해야 한다. 타당성은 피검자가 검사에 성실하게 답변을 했는지, 자신을 왜곡되어 보이도록 노력했는지 등에 따라 다르게 나타날 수 있다. 두 번째, 결과표 1페이지의 전반적인 결과를 확인하고, 세 번째, 2~3페이지의 세부 내역을 확인하여 종합적 해석을 하는 것이다.

1페이지에서의 부적응 세부 내역을 확인하고, 실제 면담 및 행동 관찰을 통해 검사 결과를 종합적으로 해석해야 한다.

검사 해석방법은 다음과 같다.

결과 요약

예측	자살	군탈	정신장애	일반부적응	
양호	앞으로의 군 생활에 잘 적응할 것으로 예측됩니다.				

예측 아래 칸에 '종합 결과' 판정 내용이 나타나 있다. 판정 내용은 '무응답' '재검사' '양호' '양호(특수척도)' '부적응(관심)' '부적응(위험)' 등 6가지로 분류된다. 이 분류는 검사 결과의 타당성과 해당 병사의 군 생활 사고 가능성을 예측하여 제시한 것이다. 자세한 종합결과 판정에 따른 해석은 〈표 4-7〉에 제시하였다.

〈표 4-7〉 종합 결과 및 해석

판정	해석
무응답	무응답 문항수가 많아 해당 검사 결과가 타당하지 않음
재검사	성실하게 응답하지 않았거나 왜곡하였을 가능성이 있음
양호	앞으로 군 생활에 적응할 것으로 예측
양호 (특수척도)	종합판정(양호)임 그러나 특수척도 상 주요 영역에서의 어려움을 호소하고 있으므로 반드시 해당 문제에 대한 면담 및 조치가 필요함
부적응(관심)	앞으로 군 생활에서 부적응 또는 사고가 예측되지만 적극적인 관심이나 도움을 통해 극복할 가능성이 있음
부적응(위험)	앞으로 군 생활에서 부적응 또는 사고가 예측되므로 즉각적인 전문가 지원과 도움이 필요함

출처: 한국국방연구원(2013).

'부적응 예측 유형'은 자살, 군탈, 정신장애, 일반 부적응 등 네 가지 항목이 있으며 검사 결과 이상이 있을 시 '＊' 표시로 나타난다. 이 결과는 과거 실제 자살, 정신장애, 기타 부적응 등을 이유로 조기 전역했던 병사들의 검사 반응과 얼마나 일치하는지를 보여 준다.

결과 요약

예측		자살	군탈	정신장애	일반부적응	
부적응	위험	앞으로의 군 생활에 부적응이나 사고 가능성이 예측되며, 즉각적인 전문가 지원 및 도움이 필요합니다.				

결과 요약

예측		자살	군탈	정신장애	일반부적응	
양호	특수 척도	앞으로의 군 생활에 잘 적응할 것으로 예측되나, 특수척도 주요 영역에서 문제를 호소하고 있으므로 반드시 해당 문제에 대한 면담 및 조치가 필요합니다.				

〈표 4-8〉 부적응 예측 유형

유형	설명
자살	군에서 실제 자살한 병사의 반응과 유사함
군무이탈	군에서 실제 군무 이탈한 병사의 반응과 유사함
정신장애	군에서 실제 정신장애로 조기 전역한 병사의 반응과 유사함
일반부적응	기타 군생활 부적응 문제를 겪은 병사의 반응과 유사함

출처: 한국국방연구원(2013).

이 결과는 해당 병사가 반드시 그럴 것이라는 것을 의미하지 않는다. 과거 유사한 패턴의 반응을 보인 병사에게서 그러한 문제 행동이 발견되었다는 것이다. 그러므로 절대적인 결과로 해석하여 낙인을 찍는 우를 범해서는 안 된다. 관심을 가지고 지켜 보고, 필요 시 전문가에게 의뢰하는 것이 바람직하다.

'반응왜곡척도'는 검사를 수행한 병사가 검사에 임하는 태도를 알아보기 위한 척도다. 즉, 얼마나 솔직하게 자신을 반영하여 검사를 수행했는지를 나타낸다.

일반적으로 선발을 위한 심리검사에서는 피검자가 자신을 좋아보이도록 포장하는 경우가 많다. 하지만 일반적인 병영 상황에서는 자신을 부정적으로 보이도록 하기 위해 의도적으로 검사에 임하는 경우가 많다.

'긍정왜곡'은 사회적으로 바람직하게 보이도록 긍정적으로 응답(faking-good)한 것을 의미한다. 반대로 자신을 나쁘게 보이려는 태도(faking-bad)는 '부정왜곡'이 높은 것으로 나타난다. 이는 현재 자신이 겪고 있는 정서적 어려움이나 부적응을 실제보다 과장

반응왜곡척도	긍정왜곡	부정왜곡	희귀반응	비일관성
	매우 낮음	보통	매우 높음	낮음

실제 부적응할지라도 드물게 응답하는 반응의 비율이 높습니다. 동시에 심한 정서적 어려움이나 부적응의 신호일 가능성도 있습니다. 따라서 본 검사 결과 해석에 신중을 가하십시오.

하려는 경향으로 해석할 수 있다. 상담자는 긍정왜곡과 부정왜곡이 나타난 병사들에 대해 '거짓말쟁이'라는 평가를 내리는 것에 대해 경계해야 한다. 검사에서 자신을 왜곡하여 보여 주는 것 자체가 검사의 정확한 결과보다도 더 유효한 정보를 제공할 수도 있기 때문이다. 예를 들어, 부정왜곡의 경우 '자신을 나쁘게 보이도록 하기 위한 이유'를 확인해 볼 필요가 있다. 두려움, 무기력 등을 호소하는 신호로 해석할 수 있다는 의미다. 상담자는 그 부분에 관심을 기울여 공감함으로써 상담을 촉진할 수 있다는 것을 명심해야 한다.

'희귀반응'은 검사에 무선적 반응(random response)을 했음을 의미한다. 또한, 일반인이 보편적으로 반응하지 않은 방식으로 응답했을 가능성을 나타낸다. 이는 정서적으로 어려움이나 부적응을 과장하는 경향일 수도 있다.

'비일관성' 또한 무선적 반응을 했거나 불성실하게 응답한 경향을 의미한다. 이 또한 피검자가 불성실하게 응답할 수밖에 없는, 수검 당시의 심경을 먼저 확인해 보면서 대화를 해야 한다.

기본적으로 반응왜곡척도에서 문제가 있는 경우, 검사 결과를 해석하는 것을 보류하고, 수검 태도를 확인하거나 불성실한 태도를 보이는 이유를 확인하는 데 중점을 두고 상담을 해야 한다.

결과지 2페이지에서 반응왜곡척도 세부 설명은 다음과 같이 제시된다.

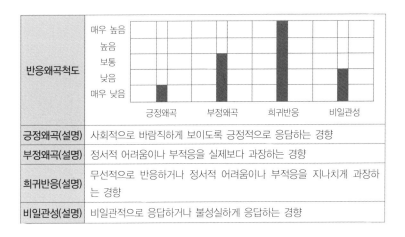

반응왜곡척도	매우 높음 높음 보통 낮음 매우 낮음
	긍정왜곡　　　부정왜곡　　　희귀반응　　　비일관성

긍정왜곡(설명)	사회적으로 바람직하게 보이도록 긍정적으로 응답하는 경향
부정왜곡(설명)	정서적 어려움이나 부적응을 실제보다 과장하는 경향
희귀반응(설명)	무선적으로 반응하거나 정서적 어려움이나 부적응을 지나치게 과장하는 경향
비일관성(설명)	비일관적으로 응답하거나 불성실하게 응답하는 경향

　‘적응척도’는 군 생활 적응과 관련된 강점과 약점을 확인하기 위한 척도다. 우리나라 군대는 병사에게 있어 자발적 참여집단이 아니므로 군 조직은 다른 조직과 생활면에서 다른 특징을 가지고 있다. 병사가 입대 전 생활했던 가정과 환경을 떠나 군대의 효율적이고 성숙한 구성원이 되기 위해 적응의 문제는 매우 중요하다(송경재, 2011).

　신인성검사에서는 적응을 위해 기능적인 개인적 강점으로 ‘조직생활 적합성’ ‘집단협동성’ ‘군적응’ ‘순응성’ ‘현실검증력’ ‘자아존중감’ 등 여섯 가지 하위 요인을 제시하고 있으며, 각 요인의 점수를 강점(높음 이상)과 약점(보통 이하)으로 구분하여 제시하고 있다.

🛡 〈표 4-9〉 기능적 개인적 강점 요인과 해석

하위척도	강점[(높음) 이상]	약점[(보통) 이하]
조직생활 적합성	신체적 능력, 민첩성, 판단력, 문제 해결 능력, 대인관계 능력	임무수행에서의 어려움, 상관, 동기로부터 부정적 평가
집단협동성	협동성, 규칙 준수	지나친 자기주장, 이기적인 태도
군적응	정서적 안정	우울감, 좌절감, 비관성 등 정서적 불편감
순응성	스트레스 인내력, 충동 및 분노조절	분노감, 적개심, 공격적 적대적인 행동
현실검증력	객관적 사고, 현실검증력	사고왜곡, 망상/환각
자아존중감	자기 가치에 대한 확신	낮은 자아존중감, 자기에 대한 부정적인 생각

출처: 한국국방연구원(2013).

대부분 정상적으로 군 생활에 적응할 수 있는 병사의 경우, 모든 적응척도에서 '매우 높음' 또는 '높음'의 결과를 나타낸다. '보통' 이하의 낮은 점수를 받은 병사의 경우 부적응할 가능성이 있으므로 관심을 갖고 관리해야 한다.

적응척도	조직적합성	집단협동성	군적응	순응성	현실검증력	자아존중감
	매우 낮음	높음	매우 낮음	보통	매우 낮음	매우 낮음

집단생활에서 요구되는 협동성이나 이타심을 잘 발휘하며, 자신과 의견이 다르더라도 집단의 결정에 수긍합니다. 기본적인 능력이 부족하여 임무수행에 곤란을 겪거나 상관이나 동기로부터 지적을 받을 가능성이 있습니다. 스트레스 상황에서 화나 분노감을 조절하지 못하고, 공격적이거나 자기파괴적인 행동을 할 수 있습니다. 내적인 우울감과 좌절감이 상승되어 있고, 앞으로의 군 생활에 대해서도 비관적인 태도를 보입니다. 객관적인 사실을 착각하거나 왜곡할 수 있으며, 심한 경우 망상이나 환각 등의 증상을 보일 수 있습니다. 자기 자신의 가치나 능력을 부정적으로 평가하고, 마땅히 의지할 만한 대상도 없다고 느낍니다.

결과표 1페이지의 적응척도 설명은 앞 예시 그림과 같이 제시된다. '보통' 이하의 낮은 점수척도에 대한 자세한 설명도 제시되므로 참고하면 된다.

	강점			약점
적응척도	조직생활 적합성			조직적응 곤란
	집단협동성			자기주장성
	군적응			정서적 불편감
	순응성			공격성
	현실검증력			망상/환각
	자아존중감			낮은 자존감
조직생활 적합성	군 생활에서 요구되는 기본적인 능력이 부족하여 임무수행에서 어려움을 겪을 수 있습니다. 기본적인 능력을 개발할 수 있는 기회를 제공하거나 다른 강점을 발휘하도록 지원해야 합니다.			
집단협동성	집단생활에서 요구되는 협동성이 높으며, 집단의 목표달성을 위해 적극적으로 협조할 것입니다. 때때로 자신의 의견을 표현할 기회를 제공해 주는 것도 좋습니다.			
군적응	현재 우울감, 좌절감, 소외감, 무력감을 느끼며, 앞으로의 군 생활에 대해서도 비관적입니다. 군 생활에 적응할 수 있도록 해당 병사에 대한 심리상담 및 지원이 필요합니다.			
순응성	사소한 자극에 대해서도 불쑥 화를 표출하거나 폭발적인 행동을 할 수 있어 병사 자신이나 타인에게 해를 입힐 수 있는 충동적인 행동에 유의해야 합니다.			
현실검증력	다른 사람들이 이해하기 어려운 방식으로 생각하거나 판단할 수 있으며, 심한 정서적 어려움이나 부작용으로 인한 혼란감, 망상, 환각 증상을 보일 수 있습니다.			
자아존중감	자아존중감이 낮아 매사 자신감이 없고, 소극적인 태도를 보일 수 있습니다. 주변으로부터 인정과 관심을 통해 병사의 장점을 발견해 주는 것이 도움이 됩니다.			

적응척도의 하위척도별 세부설명은 2페이지에 앞 그림과 같이 제시된다. 이 결과에 대해서는 강점을 부각시킬 수 있도록 지지해 주어 약점을 보완하는 방향으로 조력 활동이 이루어져야 한다. 특히 주의해야 할 점은 약점을 강조하거나 비난하는 방향으로 설명하면 안된다는 것이다. 그 이유는 수검자가 이미 자신의 약점을 알고 있지만 심리 내적으로 방어하고 있을 수 있으며, 동시에 자칫 이를 타인의 지적으로 받아들이는 경우 약점을 인정하지 않고 검사 결과를 해석해 주는 검사자에 대해 저항과 거부감을 갖게 될 수 있기 때문이다.

'적성성격척도'는 병사의 건강한 성격 특성을 확인하는 척도다. '강인성' '탐구성' '창의성' '배려성' '주도성' '성실성' 등 여섯 가지 하위척도는 군 생활에 도움이 되는 성격이다. 이 중 상대적으로 높은 두 가지 유형을 조합하여 피검자의 건강한 성격 특성으로 제시되는 것이다. 여섯 가지 하위척도의 해석과 세부 내용은 다음과 같다.

〈표 4-10〉 적성성격척도 하위척도 및 해석 내용

하위척도	해석	세부 내용
강인성	기계적인 능력과 활동적인 경험 선호	육체적으로 강인하며 야전에서 이루어지는 훈련에 잘 적응하고 무기 및 차량 등을 수리하고 군에서 도구를 만드는 데 강점이 있으며 경비와 관련된 업무에서 잘 적응
탐구성	논리적이고, 추상적인 사고 활동 선호	복잡하고 추상적인 사고를 요구하는 일, 혼자서 해결하는 임무를 잘 수행할 가능성이 높아 전략 기획, 작전 같은 역할을 수행에 강점

창의성	상상력을 발휘할 수 있거나 예술적인 활동 선호	군 상황에서는 규율을 중시하는 업무보다 창의적인 임무를 수행할 수 있는 작업환경에서 자신의 능력을 발휘할 가능성
배려성	대인관계를 중시하며, 친화력이 요구되는 활동 선호	동료나 후임병을 지원하거나 보살피며, 다른 병사들에게 군에서 필요한 능력을 알려 주거나, 훈련시키는 것을 선호하여 복지, 비서 역할을 수행에 강점
주도성	통솔력이나 리더십을 발휘하는 활동 선호	분대장과 같은 리더 역할을 수행하는 역량 있음 다른 사람들에게 업무를 할당하고, 조정하는 능력이 뛰어남
성실성	정해진 절차나 규칙에 활동 선호	정확성, 정리정돈이 필요한 업무를 잘할 수 있음. 정해진 절차나 순서를 지켜야 하는 임무에서 자신의 능력을 발휘

출처: 한국국방연구원(2013).

적성성격 척도	강인성	탐구성	창의성	배려성	주도성	성실성
	54	54	58	57	61	60
주도성 성실성	의사결정이 단호하고 명료합니다. 종종 경쟁적이며 자신의 성취에 만족하지 않고 새로운 목표를 만들어 내는 경향이 있습니다. 조직에서 책임자의 역할을 하려고 합니다. 전투병과 등을 선호할 가능성이 높습니다.					

결과표 1페이지에 적성성격척도는 앞 예시 그림과 같이 제시된다.

앞 예시의 경우 주도성과 성실성이 여섯 가지 척도 중 상대적으로 높게 나타났으며 그 내용이 주도성 성실성 칸에 제시된다. 설명 내용을 확인하고 내용이 전반적으로 양호한 경우 지지해 주고, 반대로 내용이 전반적으로 부정적일 경우 수검자가 결과에 대해 어떻게 받아들이는지를 확인하면서 수검자의 이야기를 충분히 들어 주어야 한다.

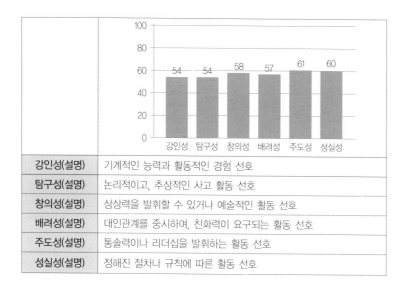

강인성(설명)	기계적인 능력과 활동적인 경험 선호
탐구성(설명)	논리적이고, 추상적인 사고 활동 선호
창의성(설명)	상상력을 발휘할 수 있거나 예술적인 활동 선호
배려성(설명)	대인관계를 중시하며, 친화력이 요구되는 활동 선호
주도성(설명)	통솔력이나 리더십을 발휘하는 활동 선호
성실성(설명)	정해진 절차나 규칙에 따른 활동 선호

각 하위척도에 대한 설명과 수치의 그래프는 3페이지에서 확인할 수 있다.

마지막으로 '특수척도'는 병사가 겪고 있는 구체적인 문제영역을 확인할 수 있는 척도다. 이 척도는 개인의 문제뿐만 아니라 조직이 겪고 있는 문제까지도 확인할 수 있다. 문제가 있다고 여겨지는 영역은 '＊' 표시가 표기되므로 해당 영역의 문제에 대해 확인해 볼 필요가 있다. 여기서 중요한 것은 검사 결과의 종합판정이 '양호'라 하더라도 특수척도의 문제 영역에 '＊' 표시가 나타난 경우 구체적으로 해당 영역과 관련하여 어떤 어려움이 있는지, 그 빈도나 정도는 어느 정도인지 확인해야 한다는 점이다.

1페이지의 요약 결과는 다음과 같다.

			심리건강	자살 생각	*
해당 항목 규준점 이상인 경우 *표시가 됩니다. *항목에 대해서는 구체적인 면담이 필요합니다.				자살 의도	
				외상 후 스트레스	
병영생활	대인 간 괴롭힘	*	중독	도박 중독	
	상하 간 괴롭힘			인터넷 중독	*
	생활관 괴롭힘			환각물질 경험	
	성피해(목격)			알코올 문제	*
	성피해(경험)	*	가정환경	가족관계 갈등	*
개인특징	학교생활 문제	*		경제적 어려움	
	품행 문제	*	대인관계	대인관계 문제	*
	공격 행동			이성관계 문제	

세부 내용은 결과표 3페이지에 다음과 같이 설명과 함께 제시
된다.

특수척도	반드시 *항목의 구체적인 문제 영역 및 내용을 확인하십시오.	
심리건강	자살 생각	*자살 생각이나 욕구가 있을 가능성이 있습니다.
	자살 의도	
	외상 후 스트레스	
중독	도박 중독	
	인터넷 중독	*인터넷 중독 여부를 확인하십시오.
	환각물질 경험	
	알코올 문제	*알코올 문제 여부를 확인하십시오.
병영생활	대인 간 괴롭힘	*개인적 혹은 집단적 괴롭힘을 겪은 적이 있습니다.
	상하 간 괴롭힘	
	생활관 괴롭힘	
	성피해(목격)	
	성피해(경험)	*병영생활에서 직접적인 성적 피해를 경험한 적이 있습니다.
가정환경	가족관계 갈등	*가족이나 부모와의 갈등이 있을 가능성이 있습니다.
	경제적 어려움	
대인관계	대인관계 문제	*대인관계에서의 어려움이 시사됩니다.
	이성관계 문제	
개인특징	학교생활 문제	*학업 성적이 불량이거나 신분에 어긋난 행동을 한 적이 있습니다.
	품행 문제	*사회규범을 위반하거나 다른 사람을 괴롭힌 적이 있습니다.
	공격 행동	

지휘관들은 특수척도의 결과를 통해 병사 개인의 심리 내적, 환경적 문제영역을 확인할 수 있고, 병영 내 존재하는 부조리도 확인할 수 있다. 지휘관은 특수척도를 확인하는 과정에서 "성피해 경험이 있어? 뭐야? 똑바로 말해 봐." 또는 "너 인터넷 중독자야? 왜 이렇게 게임을 많이 해?" "똑바로 말해, 왕따당하고 있어? 누구야?"와 같이 수검 병사에게 추궁이나 취조를 하듯 하면 안 된다. "○○ 부분에서 문제가 있는 것으로 나타났는데, 이 부분에 대해 이야기해 줄 수 있니?" 또는 "이 부분이 걱정되는데, 이 부분에 대해 나와 이야기해 볼 수 있니?"와 같이 조력자의 자세로 대화를 해야 한다.

3) 관계유형검사

관계유형검사란 '신인성검사' 등의 자기보고식(self-report) 검

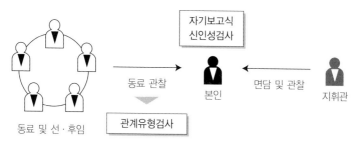

[그림 4-6] 관계유형검사 실시목적

출처: 한국국방연구원(2013).

사의 한계점을 보완하기 위해 병 상호 간 평가방식을 적용하여 개발된 검사다. 검사를 통해 대인관계 유형을 이해하고 자기보고식 검사에서 나타나지 않은 부적응 행동을 식별하기 위해 개발되어 2015년 부터 시행되고 있는 검사다.

(1) 실시 대상 및 검사 단위, 실시 주기

정확한 관계유형을 확인하기 위해서는 검사를 실시하는 구성원들끼리 서로 잘 알고 있어야 한다. 그래서 중 · 소대급 부대에서 생활관 단위로 실시하고, 서로에 대해 충분히 알기 위해서는 적어도 3~4주 이상의 시간을 함께 보낸 구성원끼리 검사를 실시해야 한다. 즉, 전입신병의 경우 자대전입 이후 3~4주가 경과했는지를 고려하여 시행한다. 심리지원 서비스 홈페이지 '피검자 관리' 메뉴에서 자유롭게 그룹을 설정하여 병사들의 검사 결과를 관리할 수 있고, 편제 기준 소대별로 그룹을 설정하거나 혹은 관심이 필요한 병사 그룹을 따로 만들어서 관리할 수 있다.

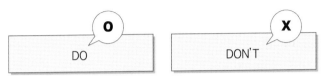

[그림 4-7] 관계유형검사 실시 대상

출처: 한국국방연구원(2013).

〈표 4-11〉 수시검사 실시 경우

구 분	내 용
개 인	• 집단의 병사들과 관계 맺는 것에 어려움을 보이는 병사가 있는 경우
부 대	• 부대 내 집단 따돌림이 의심되는 경우 • 부대 내 구타나 가혹행위가 의심되는 경우
기 타	• 적응 문제가 의심되는데, 자기보고식 검사에서 식별되지 않는 경우

출처: 한국국방연구원(2013).

　관계유형검사는 반기 1회 실시(정기검사)할 것을 권장하는데 그 이유는 너무 자주 검사를 실시하면 병사들이 검사에 성실하지 않게 응답할 가능성이 높아지고, 이러할 경우 검사 결과도 정확하지 않기 때문에 그렇다. 하지만 부대 상황에 따라 이 검사가 필요하다고 판단되는 경우 동일 그룹별 월 1회 검사(수시검사)도 할 수 있다.

(2) 실시 방법

　검사에 필요한 부대번호 및 비밀번호 분실 시에는 사 · 여단급 인사 담당자에게 문의하여 확인할 수 있다. 피검자 등록 시 최소 5명에서 최대 50명까지 그룹을 설정하여 시행할 수 있고, 잦은 반복을 방지하기 위해 월 최대 1회 시행할 수 있도록 구성되어 있다. 검사 대상자 선정 시 검사 인원들이 서로 잘 아는 사이인지, 검사 기간 중 전역 예정자가 포함되어 있지 않은지, 전입 이후 3~4주 미만 병사가 포함되어 있지 않은지 확인해야 한다.

1 검사 준비

① 인성검사 홈페이지 접속
• http://8.80.5.20/ 또는
• http://newmpl.kida.mil

② 관리자 로그인
⚠ 부대번호 및 비밀번호 분실 시: 해당 급 인사 담당자에게 문의

③ 피검사 관리(그룹 설정)
1. 기 설정된 그룹별 목록 확인
2. 검사 기간 중 전역 예정 인원이나 전입 후 3~4주 미만인 병사는 관계유형검사 목록에서 제외하고 검사 그룹 설정

그룹 설정 방법 18p. 참조

④ 시작 버튼 클릭
시작 버튼 클릭 후 검사 시행 가능

2 검사 실시

① (지휘관) 검사 시간과 공간 마련
1. 조용하고, 혼자 실시할 공간
2. 너무 이르거나 늦지 않은 시간

⚠ 주변의 사람들과 소음 및 부적절한 검사 실시 시간은 결과에 영향을 미칠 수 있습니다.

부대별로 시행 여건이 다르지만, 최대한 검사 실시 환경을 조성해 주시는 것이 정확한 검사 결과를 확인하는 데 도움이 됩니다.

② (병사) 검사 실시
ID: 군번/PW: 주민번호 입력후 로그인하여 검사 실시

3 결과 확인

① 관리자 로그인

② 검사 종료 버튼 클릭
모든 병사가 검사 완료 후 종료 버튼 클릭하면 결과 확인 가능

③ 검사 관리
관계유형검사 결과 확인

[그림 4-8] 관계유형검사 실시 방법
출처: 한국국방연구원(2013).

검사를 시행하기 위해 바람직한 환경을 조성하는 것도 중요한데, 검사에 집중할 수 있도록 소음이나 방해 요인을 최소화하고, 가급적 혼자서 조용히 검사에 집중할 수 있는 편안한 환경을 조성해야 한다. 또한 검사 결과에 대한 내용은 비밀이 보장된다는 점을 설명해 주고, 성실하게 응답하도록 독려한다. 검사는 별도의 시간제한은 없으나 대략 5~10분 정도 소요된다는 것을 알려 주고, 이해가 가지 않는 단어나 문장은 질문이 가능하다는 점을 검사 인원에게 인지시켜야 한다. 검사의 집중도를 위해 너무 이르거나 늦은 시간은 가급적 피해 실시하는 것이 효과적이다.

검사 결과는 중대급 관리자의 경우 검사 시행 및 결과 확인이 가능하고, 대대급 관리자의 경우 결과만 확인이 가능하다. 검사 결과를 통해 유형을 확인하고, 부적응 행동(사고위험 요인)을 식별

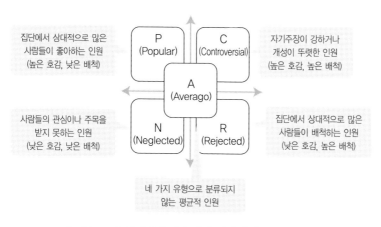

[그림 4-9] 관계유형검사 검사 결과 확인-유형 확인

출처: 한국국방연구원(2013).

할 수 있다.

[그림 4-9]에서 보듯이 관계 유형은 '호감'과 '배척' 점수를 바탕으로 총 다섯 가지 유형이 제시된다. 유형은 해당 집단에서의 호감과 배척 정도의 상대적인 위치를 의미하므로 구성원이 변경되면 유형도 변경될 가능성이 있다. 따라서 이 유형은 절대적으로 해석하지 않도록 주의해야 한다.

각 개인별 사고위험 가능성과 내용도 확인할 수 있다. 유형 구분과는 별도로 도출된 결과이므로 문제가 식별된 경우에는 유형

출력 정보-부대 ID:　　　　　부대명:

관계유형검사 결과표(개인별 세부 결과)									
그룹:		참여 인원: 16/17				시행일: 2014-09-04-2014-09-07			
[유형 구분]			[관심 필요 영역]						
	성명	유형	대인 관계 어려움	주변의 무시나 놀림	분노 및 공격성	충동성 사고 가능성	근심 걱정 불안	자살 자해 위험	구타 가혹행위 (가해)	구타 가혹행위 (피해)
1	김원수	A	0	0	0	0	0	0	0	0
2	김동수	N	1	0	1	0	0	0	0	0
3	김길동	P	0	0	0	0	0	0	0	0
4	이길동	C	0	0	1	0	0	0	0	0
5	김안수	A	0	0	4	1	0	1	1	0
6	원길동	P	1	0	0	0	0	0	0	0
7	박홍수	A	0	0	2	4	0	1	1	0
8	전진수	A	1	0	0	0	0	0	0	0
9	이기동	A	2	1	0	1	1	4	0	2
10	이장동	A	0	0	0	0	0	0	0	0

[그림 4-10] 관계유형검사 검사 결과 확인-부적응 행동 식별

출처: 한국국방연구원(2013).

에 상관없이 해당 내용을 반드시 확인해야 한다. 개인별 각 항목당 점수가 부여되는데, 점수의 의미는 구성원 중 해당 인원의 관심 영역 성향을 몇 명이 인지하고 있는지를 의미한다. 즉, 분노 및 공격성이 1점이라는 것은 그룹 구성원 중 한 명이 해당 인원의 분노 행동이나 공격적 성향을 인지하고 있다는 것을 나타낸다.

(3) 검사 결과 활용 시 유의사항

관계유형검사의 결과는 '~할 가능성'을 반영하는 것으로, 개인의 행동을 예측하고자 가설을 세우는 데 필요한 정보를 제공하는 것이 주된 목적이다. 따라서 검사 결과를 절대적인 것으로 단정 짓고 사용하는 것은 매우 위험할 수 있다. 특히 관계유형검사를 통해 도출된 유형은 그룹 구성원이 변경되면 함께 변할 가능성이 있으므로 그룹 구성원 사이에서 나온 결과로 한정지어 생각해야만 한다.

관계유형검사 결과만으로 해석하기보다는 병사 개개인의 인적 정보와 자대용 적성적응도검사 결과, 행동 관찰, 면담 결과 등을 함께 고려하는 것이 병사에 대한 이해를 높일 수 있다. 검사 결과의 비밀보장 또한 매우 중요한데, 지휘관을 포함한 간부들은 검사 결과를 참고 자료로 활용하되 타인에게 결과가 노출되지 않도록 주의해야만 한다. 검사 결과에 대한 철저한 관리와 적절한 조치가 뒤따를 때 병사들도 검사를 신뢰하고 성실하게 검사를 수행하게 된다.

4) 문장완성검사

초급 간부뿐만 아니라 중견 지휘관의 고민 중 하나는 병사와 의미 있는 상담을 하기 어려워한다는 것이다. 무슨 말을 해야 할지, 어떻게 풀어 나가야 할지 모른다는 것이다. 특히 비자발적이고 형식적인 태도로 일관하는 병사와의 상담장면에서는 기껏해야 자신의 경험담과 훈계로 상담을 진행하기도 한다. 문장완성검사는 이러한 고민을 해결해 줄 수 있는 매우 유용한 심리검사 도구다.

문장완성검사(Sentence Completion Test: SCT)는 여러 개의 불완전한 문장을 수검자가 자신의 생각대로 완성시키는 검사다. 역사상 최초로 불완전한 문장을 심리검사에 사용한 것은 에빙하우스(Ebbinghaus, 1897)로 그는 지능을 측정하기 위해 이러한 방식의 검사를 사용하였다. 이후 Tendler(1930)가 개인의 성격을 측정함에 있어 피검자의 자유로운 반응을 유도하기 위해 불완전한 문장을 검사에 사용하였고, Rohde(1946)는 청년기 문제를 다루거나 내담자의 욕구, 내적 갈등, 환상, 감정, 태도, 야망, 적응상의 어려움 등에 대해 파악하고자 할 때 문장완성검사를 사용했다(최정윤, 2010).

이처럼 불완전한 문장은 인식 및 표현할 수 없는, 또는 표현하기 꺼려지는 잠재된 욕구, 감정, 태도, 야망 등을 드러나도록 돕는 검사다. 그러므로 검사를 할 때, 피검자의 진짜 자기 모습을 드러내도록 편한 상황에서 시행되어야 한다.

(1) 문장완성검사의 특징

문장완성검사는 제2차 세계대전부터 대규모 선병을 위한 도구로 사용되었다. 이는 여러 투사적 검사* 중 가장 쉽고 간편하게 사용할 수 있는 유용성을 지니고 있기 때문이다. 수행 시간은 약 20~40분 정도고, 자기보고식 검사로 개인 또는 단체로 시행할 수 있기 때문에 군대와 같은 조직에서 사용하기 적합하다.

특히 이 검사는 불완전한 문장을 제시함으로써 완벽한 투사적 검사가 아닌 반구조화된 투사적 검사이므로 검사자와 피검사자 모두 쉽게 사용할 수 있는 장점을 지닌다.

하지만 제시된 문장의 모호함 정도가 다양해 표현되는 피검사자의 미묘한 방식이 피검사자만의 독특성을 나타내기 충분하다. 문장의 길이나 수사법, 표현의 정확성과 모호성, 반응시간, 수정 방식 등이 피검사자의 내면을 나타낸다.

예를 들어, "아버지는 ＿＿＿＿＿＿＿＿＿＿＿" 이라는 문장에 대해 다음과 같은 반응을 도출할 수 있다.

1. 가족에게 부담만 주고 가신 것 같다.

2. 약한 분이다.

---

* 투사적 검사는 검사자극을 모호하게 하여 자극을 인지적으로 해석하는 과정에서 개인의 욕구, 갈등, 성격 같은 심리적 특성을 파악하는 검사들을 의미한다. 검사의 모호성 때문에 피검사자가 반응 내용을 검토하여 자신의 의도에 맞게 방어적으로 반응하는 것이 어렵다. 따라서 평소에는 의식화되지 않던 사고나 감정이 자극되어 전의식·무의식적인 심리적 특성이 반응될 수 있다.

3. 너무하다는 생각이 든다.

4. 무섭고 엄하다.

5. 가장 존경하지만 닮고 싶지 않은 사람

6. 무뚝뚝하다.

7. 좋게 말해 주관이 강하다고나 할까.

8. 가장 믿음직스러운 분

9. 좋은 사람

10. 존경받는 사람……

이 단 하나의 불완전 문장에 대한 반응으로도 피검사자의 형식적 특성과 내용 특성에 대해 분석할 수 있다. 형식적 특성이란 반응 시간, 단어 수, 표현의 정확성, 질, 수식 어구, 단순함, 강박, 장황함 등이며, 내용 특성은 정서, 강도, 적극/소극성, 상징성 등을 의미한다.

앞의 열 개의 반응 중, 긍정적 반응은 8, 9, 10번 문장이고, 부정적 문장은 1, 3, 4, 6번 문장이다. 2, 5, 7번은 중립적 반응이라 할 수 있다. 그러나 각 문장 속에 내포된 의미는 매우 다양하므로 주의 깊게 살펴봐야 한다. 1번과 4, 6번 문장 모두 부정적 반응이지만, 1번은 존칭을 사용하며 아버지를 평가함에 있어 조심스러운 마음이 반영되어 있다. 반면에 4, 6번 문장은 매우 단정적이어서 피검자가 느끼는 아버지에 대한 감정을 강하고 억제되지 않은 형태로 정확하게 표현하고 있다. 해석을 할 때에는 심리적 저항의 정도나 에너지의 크기, 관계의 질 등을 고려해야 한다.

2번 문장은 측은한 마음을 포함하고 있는데, 어떨 때 불쌍하게 느껴지는지, 그 불쌍함의 이면에는 어떤 다른 감정이 복합적으로 숨어있는지 확인해야 한다.

5번과 7번은 중립적이고 객관적인 태도를 보이는데, 5번은 복합적 감정을 정확하게 구분하여 동시에 표현하고 있어 두 가지 상반된 양가 감정을 확인해야 한다. 7번 문장의 경우, 마치 한 발 물러나 비꼬는 반응으로 냉소적 태도를 보이는데, 그 이면의 감정을 확인하여 방관자적 태도를 갖게 된 원인에 대해 탐색해야 한다.

이처럼 단 하나의 불완전 문장에 대한 반응에서도 감정, 태도, 관계 등에 관한 가설을 탐색할 수 있다. 군대에서는 오십 개의 불완전 문장을 통해 '나의 성장기'를 작성하게 하고 있으므로 이를 통해 얻을 수 있는 용사들의 심리적 정보는 대단히 다양할 수 있다. 물론 숙련된 전문가일 경우 문장의 미묘한 표현의 차이에서도 피검자의 심리적 발달과정과 패턴을 도출할 수 있겠지만, 군 조직의 리더는 전문가적 결과 도출보다는 건조한 상담에서 벗어날 수 있는 좋은 도구로 활용해야 한다.

(2) 실시 방법

대부분의 용사는 신병교육대에서 '나의 성장기'로 명명된 문장완성검사를 실시하고 자대로 배치받는다. 자대에서는 다시 한 번 '나의 성장기'를 편안한 분위기에서 작성할 수 있도록 기회를 주

는 것이 좋다. 그 이유는 신병교육대에서는 다소 경직되고 시간이
부족한 환경에서 작성했을 가능성이 크기 때문에 정확하게 용사
내면을 투사하지 못했을 가능성이 있다.

문장완성검사는 개인과 집단 모두에게 실시할 수 있고 20~40분
정도 소요된다.

[지시사항]

"여러분이 보는 문장들은 뒷부분이 빠져 있습니다. 각 문장을
읽으면서 머릿속에 처음 떠오른 생각으로 문장의 비워진 곳을 가
능한 빠르게 완성하세요. 시간제한은 없으나 가능한 빨리 해 주세
요. 만약 문장을 완성할 수 없으면 표시를 해 두었다가 나중에 완
성하도록 하세요."

[주의사항]

- 답에는 정답, 오답이 없다. 생각나는 대로 써야 한다.
- 글씨 쓰기, 글짓기 시험이 아니므로 글씨나 문장의 좋고 나쁨
  을 걱정하지 않아도 된다.
- 주어진 어구를 보고 제일 먼저 생각나는 것을 쓴다.
- 주어진 어구를 보고도 생각이 안 나는 경우에는 문항 번호에 체
  크를 한 뒤 다음 문장으로 넘어가고, 마지막에 체크한 것을 다
  시 완성한다.
- 시간제한은 없으나 너무 오래 생각하지 말고 빨리 쓰도록

한다.

- 필기구 제한은 없으나, 고치고 싶을 때에는 두 줄로 긋고 빈 공간에 쓴다(결과에 대한 상담 시 고친 내용을 확인하고, 고치게 된 심리내적 변화과정을 이야기하게 도와주는 것도 의미가 있음).

피검자들이 질문을 하는 경우가 있는데, 흔히 하는 질문과 답변의 예시는 다음과 같다.

- 천천히 풀고 좋은 답을 적으면 안 되나요?
  ➡ "문항을 읽고 가장 먼저 떠오르는 것을 써야 하며, 정답을 찾기 위한 문제가 아니고 자신을 알기 위한 문항이므로 논리적으로 대답하려고 노력하면 안 됩니다."
- 간단히 단어로 적어도 되나요?
  ➡ "자신의 솔직한 마음이라면 단어든 문장이든 상관없습니다."
- ○○번 문항은 무슨 뜻이죠? (문항 전체 뜻 설명 요구 시)
  ➡ "무슨 뜻인 것 같나요?" "네. 그렇게 이해하시면 됩니다."

나의 성장기

♥ 가 족 관 계 ♥

1. 다른 가정과 비교해서 우리집은 _____

2. 나의 어머니는 _____

3. 아버지와 나는 _____

4. 아버지와 어머니는 _____

5. 우리 가족의 가장 큰 문제는 _____

6. 지금 내게 가장 걱정이 되는 가족은 _____

7. 내가 바라는 것은 우리 가족들이 _____

♥ 이 성 관 계 ♥

8. 내 생각에 여자들이란 _____

9. 나의 애인은 _____

10. 이성 친구와 사귈 때는 _____

11. 이성 친구와의 관계에서 가장 안타까운 것은 _____

12. 이성 친구에게 지금 필요한 것은 _____

♥ 학 교 생 활 ♥

13. 학창시절 중 가장 기억에 남는 일은 _____

14. 나와 가장 친했던 친구는 _____

15. 나는 전학을 한 적이 _____

16. 내가 가장 존경하는 분은 _____

17. 내가 가장 좋아했던 과목은 _____

18. 학창시절 가장 가슴 아픈 기억은 _____

19. 학창시절 양심에 가책을 느끼는 일은 _____

20. 고등학교 시절 내게 가장 큰 사건은 _____

♥ 군 생활 / 대인관계 ♥

21. 내 생각에 군대란 _____

22. 나를 괴롭히는 것은 _____

23. 다른 사람이 나를 보면 _____

24. 지금 나와 가장 친한 친구는 _____

25. 내가 가장 싫어하는 사람은 _____

26. 군에서 하고 싶은 것은 _____

27. 나에게 이상한 일이 생겼을 때 _____

28. 혼자 있을 때 나는 _____

29. 어리석게도 내가 가장 두려워하는 것은 _____

30. 군 생활 중 적응이 어려워지면 나는 _____

31. (도와줄 사람이 있다면) 부탁하고 싶은 것은 _____

♥ 건 강 ♥

32. 나는 입대 전에 _____

33. 나는 병원에 _____

34. 우리 가족 중에는 _____

35. 나는 자살사이트에 _____

36. 나는 약을 _____

37. 나는 환각제를 _____

38. 나는 자살을 시도해 본 적이 _____

39. 군에 들어오고 보니 아쉬운 점은 _____

40. 앞으로 나는 군 생활을 _____

41. 앞으로 상관이 나에게 _____

♥ 심 리 ♥

42. 내가 행복해지려면 _____

43. 때때로 두려운 생각이 들 때 _____

44. 나는 어린시절 _____

45. 가장 잊고 싶은 기억은 _____

46. 내 성격은 _____

47. 다른 사람에게 숨기고 싶은 것은 _____

48. 나에게 인터넷은 _____

49. 나는 게임을 _____

50. 사랑하는 사람에게 하고 싶은 말은 (짧은 편지) _____

(3) 해석 및 상담 진행

엄밀하게 말하면 앞에 제시된 '나의 성장기'는 정식 '문장완성검사'가 아니다. 문장완성검사의 형태를 한 것이다. 중요한 것은 부하의 입대 전 과거 경험이나 주변의 중요한 타인들(significant others)에 대한 인식, 현재의 내적 심리 상태의 파악, 그리고 이러한 내용을 소재로 리더가 어떠한 마음으로 대화를 진행을 하는지, 이를 통해 병사에게 어떠한 도움을 줄 수 있는지에 대해 고민하는 것이다.

[해석 방법]

친절하게도 '나의 성장기'는 주제별로 유목화되어 있다. '가족관계(1~7번: 7문항)' '이성관계(8~12번: 5문항)' '학교생활(13~20번: 8문항)' '군 생활/대인관계(21~31번: 10문항)' '건강(32~41번: 10문항)' '심리(42~50번: 9문항)' 등 병사의 과거 주요 경험과 현재 군 생활의 적응 문제를 확인하기 위한 여섯 가지 주제가 50문항으로 이루어져 있다.

- 가족관계: 전반적으로 병사와 가족들과의 관계의 질을 파악하는 주제다. 가정환경에 대해 병사가 지각하는 반응과 부모와의 관계를 기술하게 함으로써 리더가 병사를 이해할 수 있도록 돕는다.

1. 다른 가정과 비교해서 우리집은 _____
2. 나의 어머니는 _____
3. 아버지와 나는 _____
4. 아버지와 어머니는 _____
5. 우리 가족의 가장 큰 문제는 _____
6. 지금 내게 가장 걱정이 되는 가족은 _____
7. 내가 바라는 것은 우리 가족들이 _____

- 이성관계: 현재 여자 친구와의 관계 양상, 양성평등 감수성 정도, 이성관계에 대한 가치관 등을 파악하기 위한 주제다.

8. 내 생각에 여자들이란 _____
9. 나의 애인은 _____
10. 이성 친구와 사귈 때는 _____
11. 이성 친구와의 관계에서 가장 안타까운 것은 _____
12. 이성 친구에게 지금 필요한 것은 _____

- 학교생활: 학창시절 경험을 들어볼 수 있는 주제다. 적응력과 동료들과의 관계 양상을 예측할 수 있다. 감수성이 예민했던 시기의 경험으로 피검자의 주요 관심사나 심리적 갈등 및 외상 경험, 진로에 대한 고민 등을 자연스럽게 이야기할 수 있도록 돕는다.

13. 학창시절 중 가장 기억에 남는 일은 _____

14. 나와 가장 친했던 친구는 _____

15. 나는 전학을 한 적이 _____

16. 내가 가장 존경하는 분은 _____

17. 내가 가장 좋아했던 과목은 _____

18. 학창시절 가장 가슴 아픈 기억은 _____

19. 학창시절 양심에 가책을 느끼는 일은 _____

20. 고등학교 시절 내게 가장 큰 사건은 _____

- 군 생활 및 대인관계: 병사들의 현재 군 생활을 알아보기 위한 문항으로 이루어져 있다. 상·하 동료들과의 관계의 질과 병영 부조리, 고충은 물론 문제에 직면했을 때 해결 방법의 양상 등을 파악할 수 있다. 호소하는 내용을 확인하고 조치해야 한다.

21. 내 생각에 군대란 _____

22. 나를 괴롭히는 것은 _____

23. 다른 사람이 나를 보면 _____

5) 인터넷 중독검사

'인터넷 중독'이란 인터넷의 절대적인 사용 시간이나 빈도보다는 인터넷을 과도하게 사용하여 내성, 금단 증상을 비롯한 생활에서의 부정적인 결과가 분명하게 나타나는 경우를 말한다. 특히 인터넷을 통하여 심리적인 욕구를 충족하고 특정 서비스에 집착하며 규칙적으로 생활하지 못할 때 그리고 부정적인 스트레스 상황에서 벗어나기 위한 방법으로 인터넷을 사용하게 된다면 인터넷 중독으로 나아갈 수 있는 고위험 상황이라고 할 수 있다(이형초, 심경섭, 2006).

현재 군에서는 인터넷 게임이나 채팅 등과 관련하여 생긴 문제로 인한 상담이 심심찮게 진행되고 있다. 부대 내 사이버지식 정보방에서 병사들의 활동은 대부분 SNS나 채팅이다. 일반사회의 친구들을 포함하여 본인에게 의미 있는 타인들과의 건전한 대화는 힘든 군 생활을 위한 긍정적인 촉매 역할을 하기도 한다. 하지만 의미 없이 습관적으로만 하는 활동은 소중한 시간을 낭비하게 한다. 또 군인으로서의 무분별한 용어의 사용은 대민 물의나 군사보안에 위반되는 결과를 동반하기도 한다. 특히 병사들의 외출·외박 시 활동실태를 분석해 보면, 대부분의 시간을 인터넷 게임 등으로 소진하는 사례가 자주 관찰된다.

인터넷 중독, 즉 인터넷을 과다 사용할 때 나타나는 부작용을 살펴보면 다음과 같다.

가상의 공간과 현실세계 간의 구분 모호　게임에서 시행했던 잔인한 활동을 실제 현실세계에서 구현할 경우 엄청난 부작용을 초래한다. 실제 심각한 심리적 병인을 지니고 있던 한 병사의 수류탄 투척과 총기 난사는 수많은 전우의 생명을 빼앗는 참사를 빚기도 하였다.

　한번 시작한 인터넷을 그만두지 못함　　강한 중독성으로 일상 생활 중에도 인터넷이나 게임 등을 상상하며, 시간이 날 때마다 습관적으로 PC 앞에 앉게 된다. 정상적인 임무수행과 건전한 인간관계 형성에 부정적인 영향을 미친다. 인터넷 사용으로 인해 가족이나 친구, 전우 및 전반적인 대인관계에서 갈등을 빚기도 한다.

　인터넷을 하지 못하면 우울하거나 초조해지며 공허감을 느낌　　군 장면에서는 통제된 환경으로 인해 마음껏 인터넷을 하는 것이 제한되고, 특히 게임은 못하게 통제하기 때문에 그러한 심리적 불안감이 더욱 극대화될 가능성이 있다.

　인터넷 이외에 다른 활동이 줄어 듦　　시간이 날 때마다 컴퓨터 앞에 붙어서 인터넷을 하게 될 경우 당연히 건전한 자기계발 활동에 지장을 준다. 병사들은 인생 발달 단계에서 가장 혈기왕성하고 많은 가능성을 지닌 시기에 있다. 이 시기에 건전한 자기계발을 하지 못한다는 것은 개인적으로나 사회적으로도 엄청난 손해다. 인터넷 중독은 그러한 소중한 시간을 빼앗는 재앙이다.

　(1) 검사 실시
　각급 부대 홈페이지에 '장병 인터넷 중독 진단체계'에 접속하여 인터넷 중독 진단 설문에 참여한다. 아이디와 패스워드를 입력하면 각 부대별·개별 인터넷 중독 관련 설문 실시와 결과 확인까지 가능하다.

(2) 검사 내용

검사는 총 3개 영역 61문항으로 세부적으로는 입대 전 인터넷 사용 특성 20문항, 각 개인의 심리적인 특성 33문항, 부대생활 간 인터넷 사용 및 심리 관련 8문항으로 구성되어 있다.

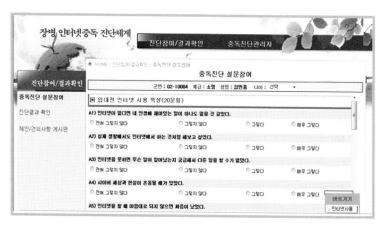

[그림 4-11] 장병 인터넷 중독 진단체계

출처: 육군 인트라넷 홈페이지(2002).

(3) 검사 결과 활용

검사 결과는 다른 검사 결과(신인성검사, 개인안전지표, 스트레스 진단 등)와 마찬가지로 '연대급 통합행정업무'상 '개인신상정보'란에 입력하여 근거를 유지한다. 각 장병들의 인터넷 중독 수준을 확인해서 일과 이후나 출타 간 컴퓨터 사용과 인터넷 접속 등을 통제할 수 있다. 무조건 못하게 통제하는 것보다는 인터넷 중독의 부작용을 충분히 교육시켜 스스로 자제할 수 있는 여건을 만들어 주는 것이 효과적일 것이다.

【생각해 봅시다!】 심리검사의 일반적 시행과정

제1단계: 심리검사 선택

가. 해당 검사가 사용목적에서 벗어나는 경우 실용적 측면에서 가치가 없으며, 오래된 검사의 낡은 규준을 그대로 이용하는 경우 수검자에 대한 정확한 전단이 어렵다.

나. 다양한 심리검사의 내용 및 특징 등에 대한 정확한 정보를 토대로 검사 내용상 검사목적에 가장 잘 부합하는 심리검사를 선택한다.

제2단계: 검사에 대한 동기화

가. 검사에 대한 동기화는 수검자가 심리검사를 받을 준비 상태에 놓이는 것을 의미한다.

나. 심리검사는 수검자의 검사에 대한 자발적이고 적극적인 관심과 협조를 필요로 한다.

다. 검사자는 수검자의 심리검사에 대한 거부감을 해소하여 수검자로 하여금 심리검사에 적극적으로 참여하도록 하기 위해 해당 심리검사의 목적, 특징, 절차, 효과 등에 대해 충분히 설명해야 한다.

제3단계: 검사의 실시

가. 검사자는 수검자의 응답에 영향을 미치지 않도록 과도한 친밀감이나 냉정함을 보이지 않도록 하며, 수검자를 어떤 특정한 방향으로 인도

하려는 태도를 삼가야 한다.

나. 검사자는 최적의 환경에서 검사가 실시되도록 노력해야 한다. 적절한 채광과 온도를 유지하고 소음이 발생하지 않도록 하며, 검사로 인한 수검자의 피로를 최소화해야 한다.

제4단계: 검사 결과 해석

가. 전문적인 자질과 경험을 갖춘 사람이 해석해야 한다.

나. 다른 검사나 관련 자료를 함께 고려하여 결론을 내려야 한다.

다. 검사 결과가 약용이 되어서는 안 된다.

라. 자기충족예언을 해서는 안 된다.

마. 내담자(수검자)에게 명령을 내리거나 낙인을 찍어서는 안 된다.

출처: 청소년 상담사 수험연구소(2015).

제 **5** 장
상담대화 기술

　상담장면에서 가장 중요한 것은 감정을 있는 그대로 받아들이고 표현하는 것이다. 일상생활에서 우리는 감정을 솔직하게 드러내는 것을 잘못된 것으로 여기면서 살아왔다. 그 이유는 감정을 드러내는 자체로 체면이 깎이고, 성숙하지 못한 것으로 여기기 때문이다. 더욱이 군 환경에서 복무를 수행 중인 장병들은 여러 가지 이유로 자신의 감정을 숨긴 채 임무를 수행하고 있다.

　상급자의 경우, 자신의 권위와 전문성을 드러내기 위해 감정보다는 이성과 논리적인 사고과정을 행동화하게 되고, 자칫 감정이 드러날 경우 자신의 나약한 모습이 노출된다고 생각하는 경향이 있다. 부여된 임무를 달성하기 위해 많은 부하를 이끌어야 하는

출처: 영화 〈굿 윌 헌팅〉

데 감정은 자신의 취약점을 노출시키고, 합리적인 의사결정에 방해되며 부하를 공정하게 평가하고 지도하는 데 부정적인 영향을 미친다고 생각한다.

하급자의 경우, 군 복무 수행 간 어려운 순간에도 무조건 참고 견뎌야 한다는 강박관념에 사로잡혀 있는 경우가 많다. 자신이 상관에게 인정을 받고, 군 생활을 잘해야 한다는 신념 속에서 감정은 자신의 나약한 모습을 보여 주는 것으로 생각하는 것 같다. 가족 문제가 있거나 여자 친구와 심각한 상황에서도 혼자 참고 견디지 그것을 감정을 통해 밖으로 드러내고 싶어 하지 않는다.

그러나 감정은 억압한다고 해서 없어지는 것이 아니라 쌓이게 된다. 그리고 억압된 감정은 더욱 커다란 심리적 문제로 나타난다. 군의 리더(상담자)는 부하(내담자)가 억압된 감정을 온전히 받아들일 수 있도록 도와주어야 하며, 이를 위해서는 내담자의 말

속에 담겨 있는 감정을 찾아내 끊임없이 반영, 확인, 공감해 주어
야 한다.

군의 리더는 상담의 대화 기술을 반드시 숙지하고 적용할 수 있
어야 한다. 그래야만 부하들이 현재 느끼는 감정과 정서를 지각하
여 심리적인 문제들을 해결해 줄 수 있기 때문이다.

이 장에서는 상담의 대화기술을 듣기와 말하기로 나누어 살펴
보고자 한다. 듣기에서는 언어적인 기법(구조화하기, 반영하기, 공
감하기, 명료화, 질문하기)과 비언어적인 기법(관심 기울이기, 경청하
기)을 소개하고, 말하기에서는 나 전달법과 칭찬하기(나열식, 대비
식)를 소개하고자 한다.

이러한 상담 기술을 통해 리더는 부하와 심리적으로 진정성 있
는 소통이 가능해지고, 심리적인 문제들을 내재하고 있는 부하를
치유시켜 건강한 선진병영 문화를 이룩할 수 있다고 저자는 확신
한다.

1. 듣 기

대부분의 군 리더가 상담과 면담 및 생활지도를 구별하는 데 애
를 먹는다. 상담의 정의에는 생활상의 모든 문제를 내담자 스스로
효율적, 합리적으로 선택하고 결정하도록 원조한다는 의미와 더
불어 일시적 문제 해결이 아니라 인간적 성장을 위한 학습 활동이

란 뜻을 내포하고 있다(송경재 외, 2013). 즉, 상담자가 도와주기는 하지만 내담자 스스로 자신의 문제를 인식하고, 문제에 대한 해결책을 제시하며 적용할 의지를 갖춰야 한다는 것이다.

면담이란 서로 얼굴을 마주 보면서 어떤 문제에 대해 단순히 이야기를 나누는 것으로, 정보수집 차원에서 접근하는 방법이고, 생활지도란 교육 장면에서의 사람들을 대상으로 하는 교도 활동이다. 상담의 개념이 무엇인지도 모르고, 특히 유사 개념과의 구별 없이 대부분의 간부는 내무 생활 간 상담에 대해 잘 들어주기만 하면 된다고 생각하고 있는 듯하다. 물론 상담은 듣기가 핵심이다. 하지만 듣기에 대한 기법, 즉 전문적인 기술이 숙달되지 않은 상태에서의 듣기 활동으로는 내담자가 구체적인 생활과제와 적응 문제에 대처하도록 돕는 활동 자체가 제한된다.

1) 언어적 기법

언어적 기법이란 상담자가 내담자의 언어적인 메시지를 적극적으로 듣고, 비언어적 메시지(표정, 눈빛, 억양, 자세, 몸짓 등)를 관찰하여 내담자로 하여금 생각이나 느낌을 자유롭게 표현할 수 있도록 언어를 통하여 능동적으로 반응하는 것이다. 언어적 기법의 구체적인 사용기법은 다음과 같다.

(1) 구조화하기

구조화하기는 상담과정의 본질(목표), 제한 조건, 방향에 대해 상담자가 정의를 내려 주는 것이다. 즉, 내담자에게 상담과정의 바람직한 체계와 방향을 알려 줌으로써 상담에서 성취 가능한 범위와 제한점에 관하여 교육시키는 것으로 구체적으로 상담자와 내담자의 역할과 책임, 내담자가 목표에 도달하는 단계, 상담의 방향, 상담 시간, 공격적 욕구를 표현하는 행동의 한계점, 비밀 유지가 제한되는 상황, 상담자 역할의 제한점 등을 내담자와 논의하게 된다.

이러한 구조화를 통해 내담자에게 상담 계획이 합리적이라는 것을 느끼게 하고, 상담 간 내담자와 상담자의 역할을 명확하게 인식시킬 수 있다.

상담자의 역할을 구조화하기의 예시-상담자의 역할을 구조화

소대장(상담자) : 상담자로서의 나의 역할은 사적인 경험을 나눌 수 있고, 안전하고 신뢰할 수 있는 상담 분위기를 만들도록 돕는 것이다. 상황에 따라서 나는 정보를 제공하는 교사의 역할도 할 것이고, 상담과 관계없는 이야기로 일관할 때는 전문가로서 중단시키기도 하며, 중요하다고 여겨지는 내용에 대해서는 집중적으로 상담하는 전문가로서의 역할도 할 거야.

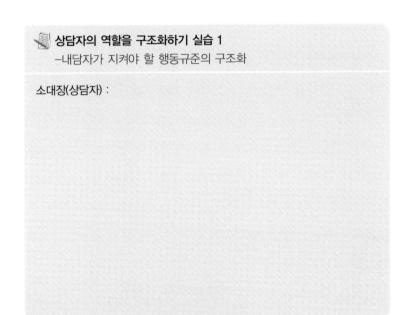

상담자의 역할을 구조화하기 실습 1
　–내담자가 지켜야 할 행동규준의 구조화

소대장(상담자) :

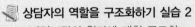

상담자의 역할을 구조화하기 실습 2
　–비밀보장의 원리에 대한 구조화

소대장(상담자) :

(2) 반영하기

반영하기는 거울에 자신을 비추어 보듯이 내담자가 상담자의 반응을 통해 자신의 감정, 행동, 태도, 생각 등을 구체적으로 볼 수 있도록 하는 것으로, 상담자는 내담자의 말에서 표현된 기본 태도, 주요 감정을 참신한 다른 말로 부연해 준다. 상담자는 내담자의 행동을 유심히 관찰하여 말로 표현한 것뿐만 아니라 자세, 몸짓, 목소리, 눈빛 등 비언어적 행동에서 나타나는 감정까지도 반영해 주는 것이 필요하다.

반영하기는 내담자의 자기 이해를 도와주고, 상담자가 자신을 이해하고 있음을 보여 줌으로써 상담의 라포(Rapport) 형성에 긍정적인 영향을 미친다.

상담자는 내담자의 느낌과 행동·태도를 반영하여 반영 시기를 적절하게 판단할 능력이 있어야 한다. 내담자가 자신의 느낌을 회피하거나 자신과 분리된 것처럼 애매하게 표현할 때, 내담자가 표현한 느낌이나 생각을 자신의 것이 아닌 것처럼 표현할 때 상담자의 반영하기는 효과적이다. 내담자의 행동과 태도에서 말, 자세, 몸짓, 억양, 눈빛 등에 의해서 표현되고 있는 내용을 인식시켜 주고자 할 때와 언어 표현과 행동 단서가 차이가 나거나 모순될 때 반영하기를 사용하면 효과적이다.

반영하기 예시

소대장(상담자): 그래 박 일병 휴가는 잘 다녀왔나? 휴가 전에 여자 친구 때문에 많이 힘들어했잖아. 그래 여자 친구와의 관계는 회복됐니?

박 일병(내담자): 휴가 복귀 후에 많은 것을 생각했습니다. 제가 그 여자를 잊을 수 있을까 하는 생각부터 여러 가지를…… (주먹을 꽉 쥐며) 그런데 이제 저는 떠나간 여자를 이해할 수 있습니다. 그 여자를 사랑하니까 잘 살길 바랄 것입니다.

소대장(상담자): 그 여자를 사랑한다고 말할 때마다 주먹을 쥐는구나. 혹시 그 여자에게 배신감이 들거나 화가 난 것은 아닐까라는 생각이 드는구나.

📝 반영하기 실습 1

박 일병(내담자): (시선을 고정하지 못하고) 제가 전입해 온 지 며칠 되지는 않았지만, 생활관 인원들이 모두 좋은 분들 같습니다. (손을 만지작거리고 머뭇거리며) 제가 조금만 더 노력하면 잘 적응할 수 있을 것 같습니다.

소대장(상담자):

📝 **반영하기 실습 2**

박 일병(내담자) : 어제 아무 일도 아닌 걸로 분대장에게 혼난 저는 정말 억울했습니다.

소대장(상담자) :

(3) 공감하기

공감이란 내담자와 같은 입장이 되거나 내담자가 느끼고 생각하는 바를 상담자도 유사하게 또는 동일하게 느끼고 이를 내담자에게 말로 표현하는 것을 말한다. 상담자는 내담자의 내적 준거체제를 이해하는 것이 중요한데, 내담자를 공감적으로 이해하기 위해서는 내담자 입장에서 느끼려고 노력해야 한다. 이때 상담자는 말하는 사람 자신이 아니기에 내담자의 생각이나 감정 등을 아는 것만으로는 충분치 않고 자신이 이해한 바를 내담자에게 전달하는 것이 보다 중요하다.

공감을 통해 상담자가 내담자의 말을 매우 관심 있게 경청하고 있다고 느끼게 하고, 내담자 자신을 이해해 주기를 간절히 바라는 마음을 상담자가 알고 있다는 사실을 인식시켜 줄 수 있다.

무엇보다 내담자 입장에서 내담자의 말 속에 담겨진 감정을 정확히 파악하고, 내담자의 감정을 상담자가 직접 말과 비언어적 표현을 통해 전달하는 것이 핵심이다.

공감하기 예시

일병이 소대장에게 어두운 표정으로 찾아와서

강 일병(내담자) : 저는 표현력이 부족하고, 친한 동기도 없습니다. 제 자신에게 불만투성입니다. 소대장님도 저를 좋아하지 않으시지요. 그렇죠?

소대장(상담자) : (안쓰러운 표정으로) 표현력이 부족해서 스스로 실망스럽기도 하고, 무엇보다도 군대 생활하면서 친한 동기가 없어서 많이 외롭겠다. 또한, 소대장인 내가 너에게 불만이 많을까 봐 걱정스럽기도 하구나.

 공감하기 실습 1

일병이 소대장에게 어두운 표정으로 찾아와서

강 일병(내담자) : 전에는 사람들과 대화를 하면서 시간을 보내는 것이 즐거웠는데 이제는 그런 것들이 하찮은 일로 느껴져요.

소대장(상담자) :

공감하기 실습 2

병장이 소대장에게 어두운 표정으로 찾아와서

강 병장(내담자) : 지난번 준비태세훈련 때 일·이등병들이 장구류도 휴대하지
않고 관물대에 보급품을 방치하고 나와 제가 얼마나 혼이 난
줄 아십니까?

소대장(상담자) :

 공감하기 실습 3

이병이 소대장에게 찾아와서

강 이병(내담자) : 제가 자꾸 낙오하는 것이 불안해집니다.

소대장(상담자) :

(4) 명료화

명료화란 내담자의 말 중에서 모호한 점이나 모순된 점이 발견될 때, 상담자가 이를 명확히 이해하고 넘어가기 위해서 다시 그 점을 상담자가 질문하여 내담자가 의미를 명백하게 하는 기술이다. 명료화는 상담자가 내담자의 말을 정확히 이해하기 위해서도 필요하고, 내담자가 스스로 의사와 감정을 구체화하여 재음미하도록 돕기 위해서도 중요하다. 내담자에게 명료화 기술을 사용할 때는 상담자가 내담자에게 도움을 주기 위하여 질문하고 있다는 느낌을 주도록 한다.

명료화 예시

소대장(상담자) : 그래. 박 일병. 요즘 부모님하고의 관계는 어떠니? 대화가 통하지 않는다고 저번에 소대장에게 얘기했었잖아.

박 일병(내담자) : 마찬가지예요. 제 부모님은 너무 막무가내여서 저하고 대화가 전혀 통하지 않아요. 어제도 부모님하고 통화하면서 대화하기가 너무 힘들었어요.

소대장(상담자) : 박 일병이 부모님이 막무가내라고 얘기했는데, 어떤 점에서 막무가내라고 생각하는지 구체적으로 이야기해 주겠니?

명료화 실습

소대장(상담자) : 그래. 박 일병. 요즘 분대원들하고의 관계는 어때? 일부러 분대원들이 박 일병을 왕따를 시키고 있다고 저번에 얘기했었잖아.

박 일병(내담자) : 소대장님께서 많이 도와주셔서 좋아진 것 같습니다. 분대원

> 들이 아직은 저하고는 말을 하려고 하지 않고, 뒤에서 제 험담을 하는 것 같아요. 그래도 저는 분대 후임인 김 이병하고는 엄청 친하고, 제가 선임으로서 많이 도와주고 있어요.

소대장(상담자) :

(5) 질문하기

질문하기란 상담자가 구체적인 정보가 필요하거나 문제를 보다 깊이 탐색하고, 각 정보 간의 관련성을 알아보기 위해 내담자에게 물어보는 것을 말한다.

질문의 목적은 우선 필요한 정보를 얻기 위해서인데, 부모님 직업이나 내담자의 공부에 대한 기호 등의 단순 정보와 친구나 부대 동료들과의 상호작용 과정의 내용이 포함된 복잡한 정보를 적절한 질문을 통해 수집할 수 있다. 내담자의 마음(내면)을 탐색하기 위해 질문을 사용하기도 한다. 이는 내담자가 자신을 드러내지 못할 때 상담자가 질문을 통해 스스로 탐색할 수 있게 도움을 준다. 추가로 내담자의 말을 정확히 이해하고 대화의 실마리를 풀기 위해, 치료 개입의 수단으로 질문하기를 사용한다.

하지만 잦은 질문은 내담자를 불편하게 하거나 불만족을 표현하게 하는 원인이 될 수 있다. 군 장면에서의 간부(상담자)는 권위를 가진 인물이다. 이러한 상황에서 상담장면이 질문과 답변으로 고착되어 있다면 내담자는 자신에 대해 솔직하게 표현하기 어려울 것이다. 상담자의 입장에서 다음 네 가지 대안을 활용한다면 더욱 효과적인 질문하기 기술을 사용할 수 있을 것이다(Stanley, 2013).

첫째, 지식에 근거한 진술을 한다. 상담자들은 종종 내담자가 상담에 오기까지 어떤 일을 겪어 왔는지, 내담자가 어떻게 느끼고 있는지, 내담자가 무엇을 생각하고 있는지, 상담에 임하기 위해 어느 정도 준비가 되어 있는지 사전 자료를 통해서 이미 알고 있다. 그것에 대해 말하는 것은 내담자들이 인식하고 진술함에 있어서의 노력과 시간을 절약하는 효과가 있다.

둘째, 관찰과 상호 교류 내용을 정교하게 표현한다. 상담자들은 종종 "내가 보기에 당신은……." 이라고 시작하는 진술로 그들의 관찰 내용을 표현할 수 있다. 관찰은 상담자가 표면에서, 또는 덜 분명한 기능 수준에서 본 것을 포함할 수 있다. 또한, 상담자는 자신과 내담자 사이의 대인 관계적 교류의 정서적 특성에 대한 관찰을 보고할 수 있다.

셋째, 상담 치료적 가능성을 강조한다. 상담을 진행하면서 상담

자가 할 것은 내담자가 선택할 여러 대안을 기술하는 것이다. 내담
자가 선택을 하게 하는 진술은 "이 시점에서 상담을 통해 갈 수 있
는 두 개(세 개 혹은 네 개)의 다른 방향이 있습니다."로 시작한다.
상담에서 가능한 다음 단계의 방향에 대한 이러한 공유는 내담자
에게 어떤 선택이 더 좋은지 현명한 결정을 할 기회를 제공한다.

  넷째, 직접적인 피드백을 준다.   상담에 있어 내담자의 향상을
가져오는 요소 중 하나가 피드백이다. 내담자가 자신에 대해 올바
른 인식을 하고 관련된 얘기를 진솔하게 하도록 유도하기 위해 상
담자는 적절한 순간에 직접적인 피드백을 주어야 한다.

  앞에서 살펴본 질문하기의 네 가지 대안과 더불어 질문하기를
사용하는 데 효과적인 기술 다섯 가지를 살펴보면 다음과 같다.

〈표 5-1〉 개방적 질문과 폐쇄적 질문의 구분

구 분	개방적 질문	폐쇄적 질문
질문의 범위	포괄적	좁고 한정됨
답변의 범위	• 내담자에게 가능한 많은 대답을 선택할 기회를 제공 • 익숙하지 않은 내담자에게는 오히려 답변에 대한 부담감 제공	• 대답의 범위가 '예' '아니요' 또는 단답식 답변으로 제한 • 내담자가 신속하게 답변 가능
촉진관계	• 바람직한 촉진관계 제공	• 촉진관계의 폐쇄
예	• 시험이 끝났는데 기분이 어떠니? • 어제 집에서 무슨 일이 있었니? • 어머니에 대해서 어떻게 생각하니?	• 시험이 끝나니까 홀가분하지? • 어제 부모님에게 야단맞았니? • 어머니를 싫어하니?

첫째, **열린 질문과 닫힌 질문**이다. 열린 질문은 개방적 질문이라 부르고, 닫힌 질문은 폐쇄적 질문이라 불린다.

열린 질문에 대해서는 대체로 자유로운 응답을 할 수 있으므로 다양한 반응을 얻을 수 있으나, 닫힌 질문에 대해서는 그 질문이 요구하는 대답이 한정되어 있으므로 제한된 응답을 하게 된다. 따라서 폭넓고 자유로운 응답을 얻고 싶을 때는 열린 질문의 형태로, 구체적이고 제한된 정보를 얻고 싶을 때는 닫힌 질문의 형태로 물어보는 것이 효과적이다.

둘째, **직접질문과 간접질문**이다. 직접질문이란 의문문, 즉 물음표로 끝나는 문장이며, 간접질문은 문장 형태로는 물음표가 없으나 사실상, 의미상으로 의문문인 것을 말한다.

간접질문은 자신이 질문을 받는다고 느끼지 않을 수 있다. 그래서 내담자가 질문 공세를 받는다는 느낌을 가지지 않도록 해야 할 필요가 있을 때 간접질문의 기술이 유용하다. 특히 병사(청소년)

〈표 5-2〉 직접질문과 간접질문의 구분

구 분	직접질문	간접질문
질문의 형태	의문문, 물음표로 끝나는 문장	물음표가 없으나 의미상 의문문인 것을 말함
내담자의 느낌	• 질문을 받는다고 느낌	• 질문을 받는다고 느끼지 않을 수 있음
예	• 지난 한 주일 동안 무슨 큰일이 있었니? • 네가 가장 싫어하는 과목이 무엇이지?	• 지난 주에 어떤 큰일이 있었는지 궁금하구나. • 자, 이제부터는 싫어하는 과목에 관해서 이야기해 보자.

를 상담할 때, 비자발적인 내담자를 상담할 때 내담자가 질문공세를 받는다고 느끼지 않도록 주의할 필요가 있다. 유능한 상담자는 직접질문과 간접질문을 적절히 구사할 줄 알아야 한다.

셋째, '왜?' 질문과 그 대안적 질문 기술이다.   상담과정에서 내담자 행동의 이유, 원인, 배경 등을 알아보아야 할 필요성을 느낄때 '왜'라는 질문 형태를 갖게 된다. 다음은 상담자들의 종종 비자발적인 내담자들에게 묻는 다섯 가지의 '왜?'라는 질문들이다(Brodsky, 2013).

① 당신은 왜 문제에 계속 빠져들고 있나요?
② 당신은 왜 잘 알면서도 약물을 복용하나요?
③ 당신은 왜 그렇게 화가 나 있나요?
④ 당신은 왜 사람들과의 싸움을 멈출 수 없나요?
⑤ 당신은 왜 주변 전우들에 대해 그렇게 참지 못하나요?

하지만 '왜'라는 질문은 내담자에게 책임 추궁, 도덕적 비난, 행동 비판 등의 의미를 줄 수 있으므로 부정적인 결과를 초래하기 쉽다. '왜?'라는 질문이 너무 추궁한다고 느껴지면 '왜'라는 질문을 자제하는 대신 다른 방법을 활용할 수 있다. 예컨대, "그곳에 가지 말라고 말했는데 왜 또 갔어?" 대신, "어쩌다 그곳에 가게 되었는지 말해줄 수 있겠니?" 또는 "나는 네가 그곳에 다시 간 이유가 궁금해" 등 그곳에 간 이유, 원인, 배경, 처지와 상황 등을 내담자 스스로 탐색할 수 있도록 질문을 바꿔주는 것이 바람직하다.

또한 "누가 거기로 가자고 그랬는지 궁금한데 말해줄 수 있어?" "거기 다시 가보니 어땠어?" "거기에 가면 누구와 놀 수 있을까?" "거기에서 어떤 일이 일어났는지 말해볼래?" 등 육하원칙에서 '왜'를 뺀 나머지를 질문자의 궁금한 심정을 반영하여 질문해야 한다.

질문자가 이와 같이 질문을 해줘야 내담자는 취조 받는 느낌이 들지 않고, 스스로의 행동을 돌아보고 탐색하는 기회를 얻을 수 있다.

넷째, 내담자가 말하지 않은 '생략' 내용에 대해 질문하는 것이다. '생략 내용에 대한 질문'은 내담자가 한 말 중에서 필요한 내용인데, 생략된 내용을 다시 확인하고, 보충하는 기술을 말한다. 예를 들어 "나는 무서워요."라고 말하는 내용에는 '무엇이' 무서운지, 혹은 '누가' 무서운지에 대한 중요한 내용이 생략되어 있다. 만약 이 내용을 모른 채 대화를 계속한다면 그 대화는 매우 피상적으로 흐를 가능성이 크므로 상담자는 그 내용에 대해 질문할 필요가 있다.

다섯째, 과잉 일반화를 구체화하는 질문 기술이다. 과잉 일반화는 크게 두 가지가 있는데, 지칭 대상의 과 일반화와 술어의 과 일반화 현상이 그것이다.

① 지칭 대상의 과 일반화와 질문 기술

"나는 집이 싫어요." "다른 전우들을 믿을 수가 없어요." 이 두

예에서 '집'은 '가족'을 뜻하는데 가족 전체를 뜻하는지 가족의 일부를 뜻하는지 분명치 않다. 대개 가족 중 한두 사람이 싫어졌을 때 "집이 싫다."라고 말하므로 일반화 현상이라고 볼 수 있다. 따라서 상담이 피상적으로 흐르지 않게 하기 위해 구체적인 질문을 할 필요가 있다. "집이 싫다고…… 가족 중에 주로 누가 싫으니?" "믿을 수 없는 전우가 있는 모양이구나. 그 인원이 누군지 말해 줄 수 있니?"

② 술어의 과 일반화와 질문 기술

우리말에서 술어는 문법 용어로 주로 동사나 형용사로 이루어진다. 동사와 형용사는 형식상으로 구분되지만 의미상(내용상)으로는 기능이 비슷할 경우가 많다. 대화에서 동사나 형용사를 사용해서 자기를 표현할 때 일반화 현상이 종종 일어난다.

- "그 사람은 나에게 해를 입혀요."
  - 동사: 어떻게 해를 입히는지 구체화되어 있지 않은 상태
- "그 사람은 나에게 해롭지요."
  - 형용사: 어떻게 해로운지 구체화되어 있지 않은 상태

대화에서 어떤 내용이 구체화 되지 않으면 상대방을 제대로 이해할 수 있는 결정적 정보를 잃을 수 있다. 따라서 이런 경우에 구체적으로 질문을 해야 한다.

질문하기 실습 1 – 폐쇄적 질문 ⇒ 개방적 질문

폐쇄적 질문 : 병기본훈련 측정이 끝나니 홀가분하지, 그렇지?

개방적 질문 :

 질문하기 실습 2 – 폐쇄적 질문 ⇒ 개방적 질문

폐쇄적 질문 : 김 상병에게 맞았을 때 군무 이탈을 생각했니?

개방적 질문 :

질문하기 실습 3 – 폐쇄적 질문 ⇒ 개방적 질문

폐쇄적 질문 : 네 여자 친구가 미인이어서 네가 더 좋아할 것 같은데, 맞지?

개방적 질문 :

2) 비언어적 기법

의사소통은 언어적인 방식뿐만 아니라 비언어적인 방식으로도 이루어진다. 언어적인 것은 입을 통해 표현되는 말의 내용 그 자체를 말하지만 비언어적인 방식이란 언어 이외에 그 언어가 표현될 때 수반하는 표정이나 목소리의 크기, 몸의 자세나 몸짓과 같은 것을 말한다. 사람들이 타인 앞에서 말을 할 때 그의 메시지는 크게 언어, 음성 요소(말의 속도, 크기, 높이 등), 생리적 반응(자세, 몸짓, 표정과 눈 깜빡임, 호흡 등)을 통해 전달되는데, 이들 요소들은 상담자의 이해에 큰 영향을 미친다(Mehrabian, 1971). 음성 요소와 생리적 반응 요소를 합해서 비언어적 반응이라고 하는데, 내담자가 보이는 비언어적 반응이 전체 의사소통에서 93%의 영향력을 차지해 언어적 요소보다 훨씬 영향력이 크다고 할 수 있다(이형득 외, 2009). 결국 상담자는 내담자가 입으로 표현하는 말의 내용만이 아닌 전반적인 반응을 함께 살피고 관심을 기울이는 노력이 필요하다. 비언어적 기법에는 관심 기울이기와 경청하기가 있다.

(1) 관심 기울이기

Ivey와 동료들(1968)은 관심 기울이기 행동을 첫째가는 상담기술로 인정하고 있다. 그들에 의하면 관심 기울이기 행동의 중심 요소는 다음 세 가지다.

첫째, 말할 때 서로 시선을 부드럽게 마주치는 것이다. 상담자가 내담자를 보지 않고 말을 할 때, 내담자는 무시당하는 기분을 느끼기 쉬울 것이다. 그러므로 상담자는 내담자와 부드럽게 시선을 마주치면서 말을 해야 한다. 특히 군대에서는 내담자가 자신의 상관(상담자) 같은 권위적인 인물과 눈을 마주 보며 이야기하는 것을 어색해하거나 어려워하고 심지어는 두려워하기까지 하는 경우도 있다. 따라서 상담자는 무조건 또는 기계적으로 시선을 마주치려 하지 말고, 내담자에 따라 시선 접촉의 빈도나 정도를 적절히 조절할 필요가 있다.

둘째, 몸짓과 표정이 중요하다. 우리는 상대방의 몸짓이나 표정을 보면 그가 진정으로 나에게 관심을 두고 있는지 어떤지를 짐작할 수 있다. 그러므로 상담자는 내담자에게 보이는 수용적인 부드러운 몸짓과 상냥한 표정을 통하여 "나는 당신에게 관심이 있어요. 그래서 당신의 이야기를 주의 깊게 듣고 있으며, 정확하게 이해하고 싶어요."라는 메시지를 전달할 수 있어야 한다. 이러한 상담자의 무언의 메시지는 내담자에게 심리적 안정감을 느끼게 하며 자신 있게 자신의 이야기를 잘할 수 있도록 격려하는 힘으로 작용한다.

셋째, 간단한 말이나 동작으로 즉각적인 반응을 보인다.   즉, 내담자가 말을 할 때, 그의 말을 잘 듣고 있다는 표시로 언어적·비언어적 반응을 곧바로 보이는 것이다. 예를 들어, 상담자는 고개를 끄덕여 보이거나 "아, 그랬구나." "아, 그래?" "옳지!" "맞아!"와 같은 언어 반응을 보여 줄 수 있다. 이러한 반응은 내담자를 격려하는 반응이기도 하기에 내담자는 보다 자신 있고 주저함 없이 자신의 이야기를 잘할 수 있을 것이다.

(2) 경청하기

경청이란 내담자의 언어적 메시지를 적극적으로 들을 뿐만 아니라 비언어적 메시지까지 관찰하여 내담자가 생각이나 느낌을 자유롭게 표현할 수 있도록 능동적으로 반응하는 것이다.

경청은 모든 형태의 상담에서 상담자의 필수 도구다. 상담자는 원칙적으로 말을 하는 사람이 아니라 말을 듣는 사람이다. 즉, 끊임없이 듣는 것이 상담의 제1원칙이다. 대부분의 군 간부가 이러한 원칙을 위배하는 가장 큰 이유는 내담자에게 상담자가 어떠한 해결책을 제시해야 한다는 강박적인 부담감을 느끼고 있기 때문이다.

경청을 통해 상담자는 내담자의 내·외적 상황을 빠짐없이 확인할 수 있다. 또한, 내담자는 그동안 누구에게도 하지 못했던 심리적 갈등을 모두 표출할 수 있는 경험을 하게 된다. 상담자의 경청을 통해 내담자의 문제를 확인하고 내담자 스스로 적절한 해결방안과 대안을 탐색할 수 있도록 돕는다. 경청은 궁극적으로 내담자가 어렵고 혼란스러운 상황에서 빠져나올 출구를 마련하는 가장 중요한 의사소통 기술이다.

경청의 방법에는 다섯 가지가 있다.

첫째, 내담자에게 보내는 시선을 통해 관심이 있음을 전하는 시선 접촉이다. 내담자를 고정적으로 응시하지 않고, 진지하고 자연스러운 눈길을 보내며 부하의 현재 반응을 고려하여 적정 거리를 유지하는 것 등을 포함하는 행동이다.

둘째, 이완된 자세로 몸을 자연스럽게 앞으로 약간 기울이는 자세다. 부하의 이야기를 진지하게 들으려는 자세를 보이는 것이 중요한데, 팔짱을 끼고 뒤로 젖히거나 하품을 하거나 다리를 꼬았다 풀었다 하고 의자를 손으로 꽉 붙잡는 자세를 취하는 것은 금기다.

셋째, 가끔 고개를 끄덕여 관심을 갖고 있다는 표현을 하는 몸짓이다. 상담자는 편안하고 안락한 몸동작을 하며 손을 거칠게 흔들지 않아야 한다.

넷째, 내담자의 말을 가로막지 않고 말의 흐름에 따르는 언어 반응을 한다. 부하가 이야기를 계속할 수 있도록 유도하고, 상담자가 경청하고 있음을 실시간으로 확인시켜 주는 것이 중요하다. 여기에는 "으흠." "그래." "저런." "정말?" "그랬구나." 등의 추임새가 주로 사용된다.

다섯째, 사람의 느낌, 정서, 반응 등을 전해 주는 표정이다. 상담자는 자연스럽고 편안한 표정을 유지하고, 상담 흐름에 맞는 느낌이나 정서를 표현하며 내담자에게 경청하고 있음을 확인시켜 주는 것이 필요하다.

2. 말하기

상담에 있어 듣기는 핵심이다. 하지만 상담자 입장에서 내담자와 더욱 분명하고 직접적으로 메시지를 소통해야 하는 경우는 반드시 있다. 이러한 경우 말하기의 기법이 유용하게 사용될 수 있다. 말하기 기법에는 내담자가 상담자에게 미친 영향을 효과적으로 전달하는 '나-전달법(I-Message)'과 '칭찬하기'가 있다.

1) 나-전달법

나-전달법이란 상대방에게 문제가 있을 때 사용하는 의사소통 기법이다. 상대방을 비난하지 않고 자신의 솔직한 심정을 부드럽게 전달할 수 있다. 나-전달법은 상대방의 행동을 있는 그대로 보고, 상대방이 계속 그렇게 행동할 경우 예상되는 결과를 걱정하여, 그 걱정에 따라 나오는 나의 감정을 표현하는 것이다. 자신의 내면을 표현할 때 주어를 '나'로 하여 그렇게 느끼게 된 책임이 상대방에게 있지 않고 말하는 나에게 있음을 알려 주는 진술 방식이다. 느낌의 책임을 자신에게 두지 않고 상대방에게 전가하는 진술 방식은 너-전달법이다. 나-전달법을 통한 자기 노출은 상담장면뿐 아니라 대인관계에서도 매우 필요한 의사소통 방식이다.

너-전달법은 불쾌한 감정을 지니거나 갈등 상태에 있을 때 보통 사람들이 흔히 하는 표현이다. 너-전달법은 상대방의 잘못에 초점을 맞추고 있으므로, 상대방에게 부정적 이미지를 심어줄 수 있다. 너-전달법을 통해 상대방의 말을 들은 사람은 반성은커녕 잔소리로 들려 기분이 나빠지고, 자신을 무시하는 것처럼 느껴져 반항심만 생길 수 있다. 말하는 사람도 내가 상대에게 질책한 것

⬇️〈표 5-3〉 '나-전달법'과 '너-전달법'의 비교

종 류	나-전달법	너-전달법
표 현	오기로 해 놓고 아무 연락 없이 나타나지 않으니까 무슨 일이 생기지 않았나 해서 무척 걱정도 되고, 내가 기다리는 것을 알면서 연락을 안 해 준다고 생각하니 나를 배려해 주지 않는다는 생각 때문에 섭섭하기도 하더라.	• 너는 전화 한 통 걸 성의도 없냐! • 나를 어떻게 보는 거야? • 너하고 이제 약속 하나 봐라. • 잘하고 있군.
보 기	상황 – 결과 – 느낌	비꼬기, 지시, 교화, 비판, 평가, 경고
나의 내면	걱정, 섭섭함	
상대의 해석	• 나를 걱정하였구나. • 연락을 안 해 줘서 섭섭했구나.	• 나의 사정은 전혀 생각해 주지 않는군. • 나를 나쁜 사람으로 보고 있군.
개 념	'나'를 주어로 하는 진술	'너'가 주어가 되거나 생략된 진술
효 과	• 느낌의 책임을 자신에게 돌림 • 청자에 대해 부정적인 평가를 하지 않기 때문에 방어나 부적응이 일어날 가능성이 적음 • 관계를 저해하지 않음 • 청자로 하여금 자성적인 태도나 변화하려는 의지를 높일 가능성이 높음	• 죄의식을 갖게 하거나 자존심을 상하게 함 • 배려받지 못하고 무시당한다는 생각을 갖기 쉬움 • 반항심, 공격성, 방어를 야기하여 자성적인 태도가 형성되기 어렵고 행동 변화를 거부하도록 함

출처 : 송경재 등(2013).

때문에 스스로 상대방에게 무언가 잘못했다는 죄책감을 느낄 수 있다. 그러므로 너-전달법은 문제를 더 키우거나 관계를 해치는 경향이 있다.

'나-전달법'은 3요소로 이루어지는데, 1요소는 내담자의 행동이나 상황, 즉 사실 그대로의 모습(행동이나 상황)을 묘사하는 것이

다. 2요소는 그 상황으로 미루어 상담자가 예상한 결과고, 3요소
는 상담자의 현재 감정과 기대를 표현하는 것이다. 이러한 3요소
를 포함한 '나-전달법'의 공식은 " '1요소'하니, '2요소'될 것 같
아, '3요소'하구나."다.

1요소(행동/상황)	2요소(예상되는 결과)	3요소(나의 감정/기대)
철수야 네가 늦게 일어나는 것을 보니	네가 오늘도 늦어서 밥을 먹지 못하고 학교에 가 배가 고파 공부가 잘되지 않을 것이라는 생각이 들어서	나는 매우 걱정스럽단다. 일찍 일어나줬음 좋겠어.

나-전달법 예시

상담 도중에 자꾸 대화를 끊고 자기 말만 계속하려는 부하와의 상담장면

박 일병(내담자) : 말씀 도중에 죄송한데요. 저는 그렇게 생각하지 않거든요.

소대장(상담자) : (나-전달법에 의한 경우) 아까부터 계속 이야기 도중에 끼어 드는데, 그러면 상담 시간만 길어지고, 내가 하고 싶은 이야기를 제대로 할 수 없어 제대로 된 상담이 어려워질 것 같거든. 의견을 말할 시간은 충분히 줄 테니까, 내 이야기가 끝난 다음에 하고 싶은 말을 했으면 해.

소대장(상담자) : (너-전달법에 의한 경우) 왜 아까부터 자꾸 대화 도중에 말을 끊는 거지?

나-전달법 실습 1

모두가 열심히 작업 중인데 김 병장만 그늘에서 담배를 피우고 있다.

1요소(행동 / 상황) : 김 병장, 모두 열심인데 김 병장만 담배 피우며 쉬는 모습
을 보니,

2요소(예상되는 결과) :

3요소(나의 감정 / 기대) :

 나-전달법 실습 2

교육훈련을 하려고 훈련장에 왔는데, 훈련 준비가 전혀 되어 있지 않다.

1요소(행동/상황):

2요소(예상되는 결과):

3요소(나의 감정/기대):

2) 칭찬하기

칭찬은 고래도 춤추게 한다. 이는 상담장면에서도 충분히 효과가 있는 방법이다. 군대 장면에서도 초급 간부들이 칭찬을 많이 한다. 솔직히 말하면 '자신은 칭찬을 많이 하는 사람'이라고 스스로 생각하는 경향이 크다. 군대 간부들이 하는 칭찬은 기껏해야 "수고했다." "잘했네."가 전부다. 그런데 이런 칭찬을 받고 고래가 춤을 출 수 있을지는 미지수다.

칭찬이란 상대가 잘했을 때, 상대를 높이 평가하고 있다는 자신의 마음을 상대에게 전달하는 수단이다. 칭찬을 들은 사람은 즐거워지고 자신감이 생기며, 고통이 줄어들고 용기가 생긴다. 또한, 칭찬해 준 사람에게 호감을 느끼게 된다. 그러므로 따뜻한 칭찬 한마디는 우리가 원하는 방향으로 가게 하는 힘이 실려 있다. 다른 사람에게 해 줄 수 있는 가장 큰 선물이 칭찬이다.

칭찬을 제대로 하기 위해서는, 첫째, 상대방에게 깊은 관심을 두고 있어야 한다. 둘째, 사실보다는 사람을 칭찬해야 한다. 예를 들어, '일을 잘한다.'는 것은 사실을 칭찬하는 것이다. '일을 잘하는 사람'은 성실하고, 근면하고, 책임감 있고, 눈치가 빠르고, 감각이 뛰어나고, 협동심도 있으며, 꼼꼼하고, 적극적이며 똑똑하고 일 처리가 빠르다. 사람을 칭찬하는 것은 이렇게 구체적으로 칭찬하는 것을 의미한다.

그러므로 칭찬은 크고 드러난 부분보다는 작고 세밀한 부분까지 꼬집어서 해야 효과적이다. 그래야 칭찬을 들은 사람이 자신에 대해 새롭게 발견할 수 있다. 칭찬을 들은 병사나 내담자는 높은 자존감을 유지하게 되고, 상담자와의 라포 형성에도 긍정적인 영향을 준다. 칭찬에는 '나열식 칭찬'과 '대비식 칭찬' 두 가지가 있다.

(1) 나열식 칭찬

나열식 칭찬은 내담자의 말과 행동에 드러나는 사실을 근거로 내담자의 긍정적인 성품을 설명하고, 추가로 상담자가 느끼는 긍정적인 기분을 표현하는 것이다. '나-전달법'과 마찬가지로 3요소로 이루어지는데, '사실 및 그에 대한 근거' '내담자의 성품' '상담자의 기분'이 그것이다. 내담자의 성품 및 상담자의 기분에서는 긍정적인 면을 표현하는 것이 핵심이다.

1요소(사실/근거)	2요소(내담자의 성품)	3요소(상담자의 기분)
박 일병이 선임병들 때문에 매우 힘든 상황에서도 자신에게 주어진 업무를 최선을 다해 수행하는 모습을 보니	박 일병이 매우 책임감이 강한 성격을 가졌다고 느껴져서	지금 소대장은 박 일병과 함께라면 어떠한 어려운 임무도 완벽히 수행할 수 있다는 자신감이 생겨 기분이 좋구나.

나열식 칭찬의 예시

작업을 열심히 한 김 일병에게
- **일반적인 칭찬**: "수고했다."
- **효과적인 칭찬**: "어려운 일이었는데, 짜증내지 않고 열심히 하더라. 네가 열심히 일하는 것을 보니 내가 다 기분이 좋더라."

(2) 대비식 칭찬

대비식 칭찬은 내담자의 말과 행동에 드러나는 긍정적인 사실을 근거로 대비되는 다른 성격 특성과 결부하여 내담자의 긍정적인 면을 더욱 부각시키는 방법이다.

대비식 칭찬의 예는 다음과 같다.

대비식 칭찬의 예시 1

"당신은 '일 처리를 똑 부러지게 잘하고, 자기 일에 집중을 잘하는 사람'입니다. 보통 그런 사람들은 이기적이기 쉬운데, 당신은 '다른 사람도 포용하려고 노력하고 개인보다는 조직을 생각'하기까지 하는군요."

이 칭찬에서 '일 처리를 잘하고 자기 일에 집중을 잘한다.'는 특
징과 '주변 사람을 포용하고 나보다는 조직을 우선시하는' 특징
이 상대방에게서 찾을 수 있는 '상반된 긍정적 특징'인 것이다.

대비식 칭찬의 예시 2

"박 일병은 심리검사 결과처럼 재미있고, 창의적이야. 보통 유머가 있는 사람
들은 자칫 가볍게 보이기 쉬운데, 박 일병이 훈련하는 모습을 보니 매우 진지
하고 집중을 잘하는구나."

이 칭찬에서는 '재미있고, 창의적'이라는 특징과 '진지하고 집
중을 잘하는' 특징이 상대방에게서 찾을 수 있는 '상반된 긍정적
특징'이다.

대비식 칭찬을 하기 위해서는 상대방이 가지고 있는 상반된 긍
정적 특징을 찾아내야 하므로 지대한 관심과 예리한 관찰력을 가
져야 한다. 대비식 칭찬을 듣는 사람은 자신에게 숨겨진 잠재력을
발견할 수 있게 되며, 칭찬해 준 사람에게 감사한 마음이 든다.

대비식 칭찬의 예시 3

박 일병(내담자) : 요즘 분대장인 김 병장 때문에 많이 힘듭니다. 저한테만 많
이 뭐라고 하는 것 같습니다. 하지만 분대장도 주어진 임무
수행을 위해서 그런다 생각하니 이해가 가기도 합니다. 어
찌되었건 저는 제게 주어진 임무를 최선을 다해 수행할 겁
니다.

소대장(상담자) : 그래. 박 일병은 자신에게 주어진 임무를 최선을 다해서 수행하는 것을 소대장은 잘 알고 있다. 보통 자신의 일에 철두철미한 사람이 주변의 다른 인원들까지 배려하는 것이 쉽지 않은데, 자신에게 뭐라고 하는 분대장까지 배려한다니 소대장이 오히려 배우는 것 같아 기분이 좋아.

【생각해 봅시다!】 상담자의 바람직한 태도 체크리스트

① 부하들의 생각과 고민을 다 안다고 섣부르게 단정하거나 추측하는 것은 내담자의 저항감과 거리감을 형성할 수 있다. 내담자의 말을 끝까지 경청하는 자세가 필요하다.

  (×) "그때 기분 나빴던 게 맞지?"

   "나는 네가 ……한 생각을 하는지 다 알아. 내 말이 맞지?"

  (○) "그렇구나! 김 상병의 생각이 어떤지 궁금한데……."

② 상급자와 군 생활 선배의 입장에서 조언과 훈계를 하는 것은 내담자의 마음을 닫게 하고 상담이 더 진행되지 않게 한다. 상담자는 내담자의 입장이 되어서 같이 공감하는 자세가 필요하다.

  (×) "그래, 나도 너와 같은 시절을 다 겪었는데……."

   "네 말은 충분히 다 이해하는데……."

  (○) "그때 김 상병이 그렇게 느꼈구나!"

   "정말 힘들었겠구나!"

③ 상담자가 내담자에 대해 부정적인 감정이 느껴질 때, 내담자를 탓하거나 추궁하기보다는 상담자 자신의 감정을 말하는 것이 좋다.

  (×) "어떻게 그럴 수가 있지?"

   "정말 실망스럽구나!"

(○) "약속을 지키지 않아서 내가 화가 났었어."

　　"행동을 바꾸려는 노력이 안 보여 서운하구나!"

④ 상담자가 내담자를 판단하거나 평가하는 것은 내담자에게 상처를 주며, 내담자와의 촉진적 관계 형성을 깨뜨린다. 상담자는 내담자의 생각을 있는 그대로 수용하는 것이 좋다.

(×) "그런 생각은 잘못된 것 같구나."

　　"그러면 나쁜 사람이지!"

(○) "그때 그런 생각이 들었구나!"

　　"박 이병의 생각이 그랬었구나!"

⑤ 내담자가 표현한 감정을 거부하거나 부적절하다고 반박하는 것은 내담자의 솔직한 감정 표현을 막는다. 상담자는 내담자의 감정을 수용하고 인정해야 한다.

(×) "그건 네 기분 문제야."

　　"그건 네 문제지 나와는 상관이 없어!"

(○) "그래, 참으로 해결하기 힘든 문제구나!"

　　"그래, 그 문제는 군의관에게 의논해 보도록 하자!"

⑥ 내담자의 질문은 대화를 회피하거나, 상담자의 의도 파악이 목적이므로 질문을 내담자에게 다시 돌려주거나 적절하게 대처해야 한다.

(×) "나는 이렇게 생각해."

　　"내 생각을 말하자면……."

(○) "먼저 박 상병의 생각을 듣고 싶군!"

　　"내 생각이 궁금한가 보구나."

⑦ 내담자의 의견에 동조하거나 동의하는 것은 내담자의 문제를 합리화시켜 주므로 바람직하지 못하다. 내담자의 처지가 되어서 생각이나 느낌을 이

야기하는 것이 좋다.

(×) "나라도 아마 그랬을 거야!"

　　"내 생각도 이 병장과 똑같아."

(○) "이 병장은 그때 그렇게 느꼈구나!"

　　"이 병장 입장에서 생각해 보면······."

⑧ 대화 시 질타하거나 변명을 유도할 수 있는 대화는 바람직하지 못하며, 내담자가 자기 생각과 감정을 이야기할 수 있도록 하는 것이 좋다.

(×) "왜 그랬어?"

　　"왜 업무를 똑바로 하지 못해?"

(○) "······에 대한 김 일병의 생각을 들어 보고 싶구나!"

　　"김 일병이 그때 어떻게 느꼈지?"

⑨ 상담자가 특정 사항을 확인하려는 느낌을 주는 질문이나 취조식으로 질문 공세를 펴는 것은 바람직하지 못하고, 질문에 대해 충분히 생각할 시간을 주는 것이 좋다.

(×) "지난 일요일 운동 시간에 안 나온 거 맞지?"

　　"고향은? 부모님 직업은? 형제는?"

(○) "이 문제에 대해 깊이 생각해 봤으면 하는데······."

　　"가정 분위기는 어떤 편이지?"

⑩ 상담자가 시기상조한 해결책을 제시하는 것은 바람직하지 않으며, 내담자가 먼저 문제 해결 방법을 생각해 보도록 하는 것이 좋다.

(×) "이렇게 하는 것이 좋겠구나!"

　　"그 문제는 이런 방법을 쓰면 될 것 같다."

(○) "그 문제에 대해 박 상병은 어떻게 했으면 좋겠니?"

　　"그 문제에 대해 우리 같이 생각해 보자."

제 **3** 부

자살 예방 활동

들어가며……

　육군 안전관리센터에서 분석한 최근 10개년 육군의 사망/자살사고 현황을 보면 '14년 사망사고 및 자살사고는 역대 최저 기록을 경신하였다. 자살은 병영문화 개선으로' 12년 52명까지 감소했다가 입영 자원의 질적 저하로 '13년 다시 증가', 14년 부적격자 처리 절차 간소화 조치에 따라 대폭 감소하였다. 특히 10만 명당 자살 인원을 살펴보면, 민간인 22.6명, 군인 12.4명으로 군에서의 병력 관리 노력(자살 예방 종합 시스템, 현역복무 부적합 처리 절차 간소화, 병영생활 전문상담관의 운용 확대, 자살 예방 전문교관을 통한 전 장병 Gate-Keeper화 노력 등)이 긍정적인 효과가 있다고 분석할 수 있다.

[표] 최근 10개년 육군 사망/자살사고 현황

연 도	2005	2006	2007	2008	2009	2010	2011	2012	2013	2014
사망사고(명)	99	100	96	106	79	87	107	78	90	73
사망사고 중 자살사고(명)	52	66	68	68	60	64	72	52	62	48

　하지만 군 내의 자살은 군의 핵심임무를 수행하기 위한 전투력과 대군 신뢰를 낮추는 주원인으로 작용한다. 자살이 발생한 부대는 심리적 충격으로 사기와 단결이 떨어지며, 훈련 · 전투준비 등 정상적인 부대 활동에 전념하지 못하게 되어 전투력이 급격히 약화될 수밖에 없다. 또한, 대부분의 국민은 군 자살의 원인을 군 기강 해이, 인권 침해, 병력 관리 부실 등으로 인식하여 군을 불신하게 되는 결정적인 계기를 제공하게 된다(국방부, 2013).

　대부분의 지휘관과 간부는 이러한 부정적인 결과를 야기하는 자살을 예방하기 위해 각고의 노력을 기울이고 있다. 하지만 자살에 대한 이해, 즉 자살에 대한 식별 및 조치 내용을 인지하지 못한 상태에서는 효과적으로 자살을 예방하기 어렵다.

　이 장에서는 자살 위험 및 예방 요인에 대해 살펴보고, 부하들의 자살 의도를 조기에 식별하여 적극적으로 조치하는 구체적인 방법에 대해 제시하고자 한다.

제 **6** 장
자살에 대한 이해

우리나라 10만 명당 자살률은 28.5명으로 OECD 국가 중 1위를 기록하고 있다. 과거 자살 취약 계층으로 여겨졌던 노인층은 물론 청소년, 청년층까지 자살 사례가 늘어나면서 그러한 불명에 타이틀은 지속되고 있다. 이는 우리 한국사회 시스템 전반에 대한 '적신호'로 볼 수 있는데, '두 번째 기회'를 허용하지 않는 경쟁 지상주의와 부실한 복지 안전망은 단기간에 개선하기 어려운 문제이기 때문이다.

청소년도 자살위험에 놓인 대표적인 세대가 되고 있다. 2014년 여성가족부와 통계청이 제시한 '2014년 청소년 통계'에서 청소년의 가장 큰 사망 이유는 자살(10만 명당 8명)로, 교통사고(4.9명)와

암(3.4명)을 합친 것과 비슷했다. 청소년들은 충동적 사고가 많아 타 연령대보다 자살에 노출되기 쉽다. 특히 청소년 자살의 배경은 성적 비관이나 교우관계 등 다양하지만 근본적인 출발은 가정불화라는 분석도 제기된다(머니투데이, 2015. 9. 8.).

자살이란 죽으려는 의도로 스스로 상해를 입혀 삶을 끝내는 행위다(국방부, 2013). 이러한 자살은 심리적 고통을 해소하는 과정에서 발생하는데, 욕구가 충족되지 않으면 심리적 고통이 발생하고, 심리적 고통이 해소되지 않으면 고통에서 벗어나기 위해 자살을 시도하게 된다.

앞서 청소년의 경우 자살 위험에 많이 노출되어 있다고 보았는데, 이와 연계하여 최근 입대 장병의 특성 및 자살 요인과 자살에 영향을 미치게 되는 환경적 특성 및 개인적 특성을 충분히 이해해야 한다.

1. 자살 위험 및 예방 요인

자살 위험 및 예방 요인을 살펴보기에 앞서 자살을 결심하고 시행하는 인간의 심리를 우선 이해하여야 한다. Edwin S. Shneidman (2014)는 자살을 시행하게 되는 인간의 열 가지 심리를 제시하였다.

• 심리적 고통: 당연한 얘기겠지만, 심리적인 불안정감으로 인해

현실적인 스트레스를 극복하지 못하고 어려움을 겪을 경우 자살을 결심할 가능성이 크다.

- **문제의 해답**: 현실적인 문제에 대한 해답이 없을 때와 해결할 수 없다고 느낄 때 심리적인 문제를 경험하고 극단적인 선택을 할 가능성이 있다.

- **무기력과 절망**: 삶에 대한 어떠한 희망도 존재하지 않고, 주변에 자신을 도와줄 인원이 없다고 느낄 때 인간은 무기력해지고 절망하게 된다.

- **양가감정**: 양가감정이란 어떤 대상에 대해 갈등하는 태도로써 두 가지 이상의 정서가 동시에 발생하는 것을 말한다. 이는 개인 내부에서 한 가지 대상에 대해서 동시에 모순적이고 상반된 감정이 나타나는 것을 의미한다. 즉, 동일화 대상에 대해서 사랑과 증오 또는 친근감과 적대감, 접근과 회피, 신뢰와 의심 등과 같은 상반된 감정을 동시에 갖게 되는 심리 상태를 말한다. 이러한 양가감정은 누구든지 가질 수 있는 것이며, 그 자체가 정신질환이나 이상심리라고 볼 수는 없다. 다만 이런 모순된 정서 상태를 잘 극복하여 지혜로운 판단을 내릴 수 있는 심리적 건강성이 있어야 하는데, 그렇지 못할 경우 문제가 발생할 수 있다.

- **탈출 심리**: 심리적으로 건강한 인원의 경우 현재의 어렵고 견디기 힘든 순간을 슬기롭게 잘 헤쳐 나간다. 주변의 도움을 요청하거나 자신의 심리적 건강성을 토대로 힘들지만 안정성

을 추구하며 극복해낸다. 하지만 개인적·환경적 요인이 받쳐주지 못할 경우 현실에서 도피할 목적으로 극단적인 선택을 할 수 있다.

- **심리적 욕구불만**: 군 내 특수한 환경은 장병들의 기본적인 욕구를 많이 제한하는 경향이 있다. 이러한 현실을 긍정적으로 수용하고, 상황에 맞게 처신해 나갈 수 있는 심리적 능력이 없는 경우 문제가 발생할 수 있다.

- **의식의 단절**: 의식적인 수준에서 무의식이 요구하는 기본적인 욕구를 잘 통제하지 못할 경우, 즉 의식이 단절된 상태에서는 현실적인 상황과 마찰이 발생하고, 이를 슬기롭게 헤쳐 나가지 못하게 된다.

- **사고의 폭 제한**: 어렵고 힘든 순간에 사고가 해당 문제에만 초점이 맞춰져 다른 사고를 할 수 없는 경우, 문제에 대한 건전한 해결책 제시 및 행동이 제한된다.

- **자살의도의 표출**: 자살을 시도하는 대부분의 사람이 자살 전 주변인에게 어떠한 형태로든 자살에 관해 얘기한다. 간부가 문제 장병의 이러한 표현을 분명히 인식하고 해결해 나가려는 노력을 병행할 때 자살은 어느 정도 예방할 수 있다.

- **과거의 대처방식**: 실제로 자살을 시도했던 인원은 차후 심리적으로 수용할 수 없는 문제가 발생 시 다시 자살을 시도할 가능성이 크다. 부하들의 자살 경력을 과거의 단순한 행동으로 치부하지 말고, 지속해서 관심을 보이는 것이 중요하다.

　자살의 위험 요인은 크게 스트레스 및 심리적 고통 등을 유발하는 개인적 · 환경적 요인으로 구분할 수 있다.

　2절(군 내 자살 발생과 예방)에서도 살펴보겠지만, 이러한 개인적 · 환경적인 자살 위험 요인을 사전에 식별하여 조치하는 것이 무엇보다 중요하다. 각종 심리검사, 정확하고 입체적인 신상 파악, 지속적인 상담 활동 등을 통해서 개인적 요인을 분명하게 식별하여 관리하는 것은 물론 군 자체의 환경적 특수성을 고려하여 장병들에게 스트레스 및 심리적 고통을 유발하는 부정적인 환경적 요인들을 식별하여 제거하려는 노력도 필요하다.

　반면에 자살을 예방할 수 있는 요인들도 존재한다.

〈표 6-1〉 자살 위험 요인

개인적 요인	환경적 요인
• 낮은 자존감, 성적 정체성 문제, 충동적 공격 성향 • 우울증 등 정신질환, 고질적 신체질환, 스트레스 대처 능력 부족 • 술, 담배, 약물중독 • 빈곤, 과도한 부채 등 경제 문제 • 가족 · 친구 · 이성과 갈등, 결별, 죽음 • 본인이나 가족의 자살시도 경험 • 생명 경시 및 삶에 대한 비관적 태도	• 질책, 모욕, 부정적인 평가, 집단 따돌림 • 고충, 고민을 해소할 수 없는 환경 • 정신적 · 신체적 질병에 대한 상담 또는 치료 여건 불비 • 불편 · 불안정한 생활환경 • 자살 우려자 조치체계 부실 • 자살 수단 및 장소 통제 부실

출처: 국방부(2013).

🛡〈표 6-2〉 자살 예방 요인

개인적 요인	환경적 요인

• 자살충동 해소 및 대응 능력 보유
  ＊ 높은 자신감(자존감), 자기표현 능력 등
• 심리적 고통, 스트레스 해소 능력 보유
• 친구 · 가족 등과 긍정적 관계 유지
• 건강하고 건전한 생활 유지
• 삶에 대한 긍정적 태도, 종교적 믿음
	• 존중과 배려 등 생명존중 문화 형성
	• 가족 · 친구 등의 심리적 · 사회적 지지
	  ＊ 칭찬, 믿음, 신뢰 등
	• 정신적 · 신체적 질병에 대한 상담 및 치료 제공
	• 편안하고 안정된 생활환경
	• 자살 우려자 식별 및 관리체계 구축/시행
	• 자살 수단 및 장소 통제

출처: 국방부(2013).

자살 위험 요인을 사전에 식별하여 제거하는 노력과 병행하여 스트레스 및 심리적 고통 등의 발생 억제, 극복 능력을 강화하여 자살을 예방하는 개인적 · 환경적 요인들을 극대화하려는 노력을 통해 부대 내 자살 예방에 기여할 수 있을 것이다.

2. 군 내 자살 발생과 예방

부대의 지휘관과 간부는 자살을 예방하기 위해 부단히 노력해야 한다. 자살예방은 부하의 생명을 보호하는 활동으로 지휘관과 간부의 당연한 책무다. 앞에서도 언급하였지만 군 내 자살은 인명 손실 및 전투력 저하, 대군 신뢰 저해의 주원인이다.

최근 입대 연령인 20대의 경우, 개인주의 성향, 체력 및 인내력

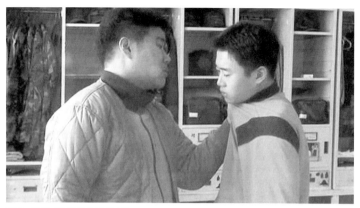

출처: 영화 〈용서받지 못한 자〉

부족 등 군 복무에 부정적인 특성과 충동적 자살시도 경향, 자살
에 대한 거부감 약화 등 군 내 자살 위험 요인이 증가하고 있다.
특히 입대 전 개인주의와 수평적 관계에 익숙했던 장병들에게 위
계질서와 단체의식을 중시하는 통제 중심의 군 문화, 일부 잔존하
고 있는 폭언·욕설 등의 악·폐습은 과거보다 심각한 스트레스와
심리적 충격으로 작용하여 자살의 원인이 되고 있다.

  특히 군 장면에서는 지속해서 개인의 언행을 통제하는 환경적
인 특징으로 인해 각 장병들의 욕구가 좌절되어 심리적인 불안정
감이 형성될 가능성이 크다고 볼 수 있다. 또한 각 장병의 스트레
스, 우울증 등 정신질환이 자살 발생의 가능성을 증가시키는데,
이러한 정신질환은 심리적 고통을 유발할 뿐만 아니라 이를 해소
하는 능력을 약화해 삶을 포기하게 한다.

  따라서 '부하의 생명 보호'라는 지휘관 및 간부의 책무 완수와

자살 증가로 인한 인명 손실, 대군불신을 예방하기 위해 자살을 올바르게 이해하고 체계적 · 지속적으로 예방하는 노력은 필요하다고 할 수 있다(국방부, 2013).

1) 자살 예방 요체

먼저, 지휘관 및 간부가 자살에 대해 올바르게 이해해야 한다. 복무 부적응 장병뿐만 아니라 일반 장병들도 일시적 고립감이나 외로움, 스트레스 등을 극복하지 못하는 경우 자살의 위험에 직면할 수 있으며, 실제 그 가능성이 증가하고 있다. 또한, 전문가들에 의하면 대부분의 자살자는 자살 시도 전에 어떠한 형태로든 자살 의도를 표현하며, 심리상담 · 약물치료 등 체계적인 조치로 자살 위기에서 벗어날 수 있다고 한다. 따라서 지휘관 및 간부는 자살 우려자의 경우 복무 부적응이나 기피자와 달리 생명을 잃을 수 있는 위기에 처해 있다는 것을 명확히 인식하고 필요한 조치를 해야 한다.

'군 자살 예방 종합 대책'을 체계적 · 지속적으로 이행해야 한다. 우리 군은 '자살은 반드시 예방해야 하고, 예방할 수 있다.'는 신념으로 2008년에 자살 예방 교육을 시작했다. 2010년에 '자살 예방 종합 시스템'을 적용했으며, 2012년부터는 생명존중 문화의 조성과 사후 관리 대책을 포함한 '자살 예방 종합 대책'을 정립하여 시행하고 있다. 그러나 아직도 많은 자살이 자살 예방 종합대책을 제대로 이행하지 않아 발생하고 있다. 사회환경 변화, 군 문화 특성 등으로 인한 자살위험 증가에 대응하기 위해서는 자살 예방 대책의 체계적이고 지속적인 이행이 요구된다.

【생각해 봅시다!】 자살 관련 오해와 진실

　　놀랍게도 많은 지휘관과 간부가 자살에 대해 오해를 하고 있다. '부하들의 자살을 막을 수 없다, 자살이라는 부정적인 단어를 언급하면 안 된다, 자살을 시도하려는 부하들은 자살에 대해 표현을 하지 않는다' 등의 오해는 자살 예방의 적극적인 노력을 방해하고, 극단적인 판단과 행동을 시행하는 부하들을 결국 장애인/사망자로 만드는 치명적인 상황을 초래할 위험이 있다. 많은 간부가 생각하는 자살 관련 오해의 내용과 그 진실에 대해 살펴보면 다음과 같다(국방부, 2013).

　　① 대부분 자살은 사전 경고 없이 발생한다.
　　실제로 대부분의 자살자는 자신의 자살 원인이 된 사건에 대한 본인의 느낌과 대응에 대해 사전 경고하고, 그러한 사전 경고는 직접적인 요청 · 신체 징후 · 감정적 반응 또는 행동으로 표출된다.

　　② 자살위험에 처한 사람과 자살에 관해 얘기해서는 안 된다.
　　자살에 관해 얘기하는 것은 자살위험을 전혀 증가시키지 않는다. 오히려 그러한 대화 회피는 도움을 줄 수 있는 사람을 찾으려는 노력을 포기하게 만들어 자살위험을 증가시킨다.

　　③ 자살에 대해 대놓고 말하는 사람은 실제로 자살하지 않는다. 이는 단순히 관심을 끌기 위한 행동이다.
　　자살하는 인원 5명 중 4명은 자살 전에 타인에게 어떠한 형태로든 자살에 관해 얘기한다. 자살 의도를 표현했을 때 도움을 받지 못하면 절망에 빠져 자살위험은 증가한다.

④ 자살 시도자는 정말로 죽고 싶은 사람이다.

삶을 끝내버리겠다고 생각을 완전히 굳힌 사람은 거의 없다. 그리고 그러한 자살 시도자 대부분은 주변의 도움을 긍정적으로 받아들인다.

⑤ 자살 미수자는 다시 자살 시도를 하지 않는다.

자살을 시도한 자살 미수자 중 많은 인원이 재차 자살을 시도한다. 실제로 자살자의 50% 정도는 자살시도 경험이 있는 사람들이다.

⑥ 자살 위기 이후 증상 개선은 자살위험이 사라졌다는 의미다.

반대로 많은 자살이 일시적 증상 개선 이후에 발생한다. 그러므로 적어도 3~6개월까지는 특별히 주의를 기울여야 한다.

제 **7** 장
자살에 대한 **식별** 및 **조치**

　자살에 대한 오해에서도 살펴보았지만, 자살을 결심하고 시도하는 인원들은 대개 주변인에게 자살에 대해 어떻게든 표현을 한다. 지휘관 및 간부는 부하의 이러한 경고 신호를 절대로 무시해선 안 되고, 최대한 신속하게 조치해야만 극단적인 사고를 예방할 수 있다.

　단순히 표현만으로는 적극적인 예방이 불가능하다. 간부들은 다차원적인 경고 신호를 민감하게 포착해야 하는데, 다음과 같은 다섯 가지 경고 신호에 민감하게 반응할 수 있는 능력을 갖추어야 한다.

🛡️ 〈표 7-1〉 자살의 경고 신호

구 분	내 용
경고 신호	내 용
상 황	자살, 폭력(신체적/언어적), 따돌림
사 고	무가치, 터널 비전
행 동	위축, 과음, 유서
정 서	분노, 절망, 우울
신체적 변화	불면, 식욕 저하

출처: 하상훈(2014).

1. 식 별

인성검사, 관찰·면담·설문 등으로 자살위험 여부를 확인 후 그 결과를 종합적으로 판단하여 자살에 대한 식별이 가능하다(국방부, 2013).

1) 인성검사

군 복무 적합성 및 적응 수준을 측정하는 설문 형식의 검사도구로써 피검자의 자살 관련 문항에 대한 답변을 분석하여 자살위험 여부를 제시한다. 신병용 인성검사는 병무청 및 입영부대에서, 훈련병용 인성검사는 신병교육부대에서, 자대용 인성검사는 복무부대에서 활용하게 구성되어 있다. 인성검사 사이트(KIDA 홈페이지-신인성검사)에 접속하여 소속 부대(중대급) 업무담당자 관리하에 피검자를 검사하고, 인성검사 결과는 '신인성검사'에 접속하여 검사결과를 출력한 뒤 확인할 수 있다. 검사결과는 결과지의 '종합판정' 및 '특수척도'란에 '자살' 관련 내용을 확인한다. 확인된 검사결과는 개인 관리를 위한 지휘 참고자료로 활용하고, 검사결과 자살 우려자로 식별된 인원은 면담 및 관찰로 자살 우려 정도를 확인(필요 시, 병영생활 전문상담관, 정신과 군의관, 군종장교 등 확인 요청)하며 자살 우려자로 확인된 인원은 자살위험 정도를 고려하여 맞춤식으로 관리하여야 한다. 인성검사 활용 시 장병들이 성실하게 검사지를 작성할 수 있도록 검사 전 검사 취지 등에 대해서 설명하고, 독립된 검사 장소와 충분한 검사 시간 등 솔직한 응답이 가능한 환경을 조성해 주며 평가 결과에 대한 비밀을 철저하게 유지한다. 필요시 검사결과는 전문가(병영생활 전문상담관, 정신과 군의관 등)의 평가를 통해 확인할 수 있다.

2) 관찰 및 면담

자살자의 80% 이상이 자살시도 전 주변에 동의를 구하거나 도움을 요청한다. 자살 우려자를 식별하기 위해 자살위험을 증가시키는 사건, 자살 의도를 표현하는 언행 등을 관찰 및 면담으로 파악한다(국방부, 2013). 자살위험을 증가시키는 사건에는 가족·동료·전우들과의 갈등, 처벌이나 비난 등으로 공개적 망신, 이성과의 결별·좌절·실패, 과거 본인 또는 가족·친구 등의 자살 경험

📛〈표 7-2〉 인성검사 종류 및 내용

구 분	징병검사 / 입영검사 간	신병교육 간	자대복무 간
검사 환경	• 장병검사간 민간 신분 　* 스트레스 최소 • 입영신검 간 군인신분 　* 심리적 불안 표현	• 군 복무 시작 　* 부적응⇒심리 변화 • 수평적 인과관계 　* 개인 성향 표출	• 수직적 인간관계 　* 개인 성향 표출 자제
검사 목적	• 현역복무 부적격자 식 　별, 입영 차단	• 신병교육 간 정신과 　적 변화 식별 　* 자대 배치 전 최종 　　식별 및 처리	• 성격 특성 포함 복무 　부적응 여부 식별 　* 병영생활 적응 관리 　　및 조치 자료로 활용
검사 도구	• 복무적합도 검사	• 군 생활적응도 검사	• 적성적응도 검사
검사 분야	• 현재 정신과적 질환 　여부 식별 • 입대 후 사고 가능성 　예측	• 현재 및 향후 변화 예상 　* 정신과적 질환 식별	• 성격 특성, 직무 특성 • 사고 가능성 포함 복 　무 부적응 예측

등이 있다. 이러한 요인들을 평소 관찰할 수 있는 체계와 건전한 신고체계를 구축하는 것이 핵심이다. 또한, 자살의도를 표현하는 언행을 식별해야만 하는데, 지휘관이 전부 식별하기엔 한계가 있다. 병사들, 간부들 사이에서 이러한 언행이 식별될 경우 바로 지휘관에게 보고할 수 있는 체계를 구축해야만 한다. 자살 우려자는 책임 간부나 지휘관에게 신속히 보고할 수 있는 환경(상향식 일일결산, 분대장 관찰일지, 계층별 간담회 등) 역시 조성한다.

3) 기타 방법

현재 각 부대에서 시행하고 있는 마음의 편지, 설문, 이메일, SNS 등을 적극적으로 활용하여 자살 우려자 본인이나 자살 우려자를 관찰한 인원이 자살 의도를 보고하도록 하여 식별하는 방법이다.

〈표 7-3〉 자살 의도를 표현하는 언행

구 분	내 용
언어적 표현	• 자살을 직·간접적으로 표현 및 암시 "넌 군 생활 잘해라." "사는 게 의미가 없어." "미안해…… 안녕!" "저 세상에서 다시 보자." "더는 지탱할 힘이 없어." • 자살에 대한 질문
죽음에 대한 집착	• 일기장, 노트, 메모장에 글, 그림, 낙서로 죽음 표현 • 죽음에 대한 소설, 만화, 영상물 심취 • 소중하게 여기던 물건을 나누어 줌 • 자신이 죽고 난 뒤의 일 준비
행동, 성격, 감정 변화	• 수면 문제, 식욕 문제, 흥미 감소 등 표출 • 우울증, 심한 절망감이나 무기력감 호소 • 태도가 위축되고 스스로 자신을 주변으로부터 고립시킴 • 업무 성실성 저하, 음주 횟수 증가

부하들의 자살 식별 이후 특히 다음의 경우에는 군의관, 지휘관, 군종장교, 병영생활 전문상담관, 부모 등에게 도움을 구해야 한다.

〈표 7-4〉 도움을 구해야 하는 경우

구 분	도움요청 대상	비 고
환영/환청 호소 심각한 우울증	정신과 군의관	• 군의관의 전문적 진단 및 약물의 도움 필요

자살징후	지휘관, 군종장교, 병영생활 전문상담관, 필요 시 부모	• 지휘계통으로 안전 조치 강구 • 자살 예방 상담 • 부모의 도움 개입
구타 및 가혹행위	인사장교, 지휘관	• 미온적으로 덮을 경우 더 큰 사고를 불러옴
종교적 문제	군종장교	• 종교는 신념보다 강력 • 군종장교의 전문적 도움 요청

출처: 육군본부 군종실(2013).

> **【생각해 봅시다!】 병사는 왜 상관에게 마음의 문을 잘 열지 않는가**
>
> 병사는 입대하면 선임이나 간부가 모두 자신의 군 생활을 통제하기 위해서 존재하는 사람처럼 여긴다. 그래서 상관에게는 속내를 잘 말하지 않는다. 이에 대해 지휘관은 절대로 부하에게 배신감을 느낄 필요가 없다. 누구라도 자신을 통제한다고 여기는 사람에게는 편하게 마음을 열기가 어렵기 때문이다.
>
> 상대적으로 지휘라인에 있지 않는 군종장교나 전문 상담관처럼 쉽게 마음을 털어놓을 대상이 있다는 것을 소중히 여기고 그들의 도움을 적극적으로 받는 것이 지혜로운 일이다.

2. 조치 및 관리

1) 최초 조치 방법

자살 우려자가 식별된 이후 반드시 해야 할 일과 하지 말아야 할 일이 있다. 이러한 조치는 신속해야 하고, 극단적인 사고를 예방할 수 있는 필수적인 사항이기 때문에 신중을 기하여 실시해야 한다.

앞서 살펴보았듯이, 20대 청소년들은 장기간 정신적 고통(고민)이 아닌 순간적인 충동으로 자살을 시도하는 경향이 있다. 충동적인 자살 충동은 몇 시간 또는 2~3일의 외부 개입으로 크게 감소한다. 따라서 자살 우려자를 식별한 후에 신속한 조치가 매우 중요하다. 최초 조치사항 외에도 하상훈(2014)은 자살 우려자를 돕는 열 가지 방법을 제시한다.

⟨표 7-5⟩와 ⟨표 7-6⟩과 같이 최초 조치와 자살 우려자를 돕는 방법이 자살 우려자를 식별할 때 제때 적용된다면 군 내 자살 예방에 크게 기여할 것이라 생각한다.

⟨표 7-5⟩ 자살 우려자 식별 후 조치사항

반드시 해야 할 일	하지 말아야 할 일
• 자살 우려자의 말을 경청하고 공감 표시 • 자살 우려자의 감정을 수용하는 대화 진행 • 전담인원 선정 및 관찰 임무 부여 　＊전담인원: 자살 우려자가 신뢰하고 책임감이 강한 전우, 선임병, 간부 등 • 자살 우려자에게 도움을 줄 수 있는 사람에게 보고 　＊지휘관, 책임간부, 병영생활 전문상담관 등 • 자살 우려자 주변에 자살에 사용할 수 있는 도구 제거 • 자살을 시도할 수 있는 장소 통제 등	• 자살 우려자의 말에 당황하거나 흥분하는 등 과잉 반응하는 행위 • 자살 우려자를 가르치거나, 비판하거나, 설교 또는 비난하는 행위 • 자살의 부도덕성이나 다른 사람이 받을 상처에 대해 말하는 행위 　＊자살 우려자의 죄책감을 유발시킬 수 있음 • 자살 우려자를 혼자 두는 행위 • 자살 우려자를 놀라게 하거나 충동질하는 행위 　＊"자살 할테면 해 봐!" 등 • 자살 우려자 발견 사실을 비밀로 하는 행위

🛡 〈표 7-6〉 자살 우려자를 돕는 열가지 방법

① 주의를 기울이기 　＊경고신호 인식	⑥ 적극적으로 관여하기 　＊직접적인 질문
② 경고 신호를 점검하기 　＊동료들과 경고 신호 점검	⑦ 자살위험 평가하기 　＊이전 자살 시도, 자살 계획 질문
③ 자살자와 접촉하기 　＊관심을 보이고 이야기 경청	⑧ 지지망 제공하기 　＊상사, 군종, 의사 등 지지망 제공
④ 자살에 대해 질문하기 　＊자살을 생각해 보았는지 질문	⑨ 도움 주기 　＊도움을 주려는 노력 지속
⑤ 존중하기 　＊비판하지 않고 수용	⑩ 전문가의 도움 구하기 　＊신속하게 전문가에게 의뢰

출처 : 하상훈(2014).

【생각해 봅시다!】 오늘 밤에 만나지 않았더라면……

　　강원도 포병 부대에서 근무할 때 일이다. 예하 부대가 많기에 온종일 순회 교육을 마치고 저녁 6시쯤 되어 복귀했을 때 군종병의 메모가 책상 위에 놓여 있었다. 본 부대 김 일병이 상담을 하러 왔다가 군종장교가 없어서 그냥 돌아갔다는 것이다. 온 종일 교육으로 피곤했기에 그냥 복귀하고 내일 상담을 할까 하다가 지난주에 했던 설교 생각이 났다. 설교 주제가 경청이었고, 그 실천방안으로 '이번 주에는 부하나 후임병 중 한 사람이라도 경청해서 듣는 시간을 갖자' 고 제안하였다.

　　나 스스로 본을 보여야겠다는 생각이 들어 피곤하지만 그 병사를 만나 저녁 늦은 시간까지 상담하게 되었다. 놀라운 사실은 김 일병은 그날 밤 부대를 이탈하여 자살하겠다는 계획을 세웠다고 하며 실제로 군복 주머니에서 다량의 알약과 커터 칼과 야전 상의 끈이 발견되었다.

　　만약 오늘 밤에 그를 만나지 않았더라면 어떻게 되었을까? 위기 상황에 적시적으로 개입하는 것이 얼마나 중요한지를 실감케 한 경험이었다.

출처 : 육군본부 군종실(2013).

2) 자살 우려자 분류

자살 우려자가 식별되면 자살 생각 여부, 이전의 자살 시도 경험, 자살 계획 수립 여부 등을 질문하여 자살 위험 정도를 확인해야 한다.

🛡 〈표 7-7〉 확인 질문

구 분	질문 내용
자살생각 여부 확인	• 혹시 자살할 생각을 하고 있습니까? • 지난 한 달간 살기 싫다고 느낀 적이 있습니까? • 지난 한 달간 더는 버틸 수 없다고 느낀 적이 있습니까? • 너무 힘들어서 죽고 싶다고 생각한 적이 있습니까?
이전의 자살 시도 경험 확인	• 과거에 자살을 시도한 적이 있습니까? • 혹시 예전에도 지금처럼 힘들어서 죽으려고 시도했던 적이 있습니까? • 죽으려는 마음을 행동으로 옮겨 본 적이 있습니까?
자살 계획 수립 여부 확인	• 자살하기 위해 어떤 계획을 세워 놓은 것이 있습니까? • 구체적으로 자살할 장소나 시간이나 방법을 정해 놓았습니까? • 자살을 하기 위해 준비해 둔 것이 있습니까?

출처: 국방부(2013).

상기 예문의 내용을 취조하듯이 답을 강요하면 안 되고, 자연스럽게 대화하듯이 질문하는 것이 핵심이다. 또한 확인된 자살위험 정도를 기준으로 자살위험 등급을 분류한다.

📛〈표 7-8〉 자살 우려 분류 기준

구 분	현재 자살 생각	자살시도 경험	자살 계획 수립
A급	○	○	○
	○		○
B급	○	○	
C급	○		

*A급: 높은 위험 수준, B급: 중간 위험 수준, C급: 낮은 위험 수준
출처: 국방부(2013).

【생각해 봅시다!】 Safe TALK

　'자살하려는 사람에게 자살할 것인지를 물어보는 것이 옳은 것일까?'에 대한 답이다.

　'자살의 가능성을 알아차린 후에는 직접 물어보아서 확인한 다음에, 그 생각이 시도되지 않도록 도와야 한다'는 것이 'Safe TALK'의 핵심개념이다. 'Safe TALK'는 Tell(말하다), Ask(묻다), Listen(듣다), Keep safe(안전을 유지하다)의 네 가지 과정으로 이뤄져 있다.

　① Tell: 자살을 생각하는 사람은 가능한 한 명확하고 정확하게 말해야 하고, 상대방은 '자살하고 싶다'는 그 초대에 응해야 한다. 말을 하지 않거나 우회적으로 말하는 것은 도움이 되지 않는다.

　② Ask: 상대방이 자살을 생각하고 있다는 것을 알게 된다면, "당신은 자살을 생각하고 있습니까?"라고 물어야 한다. 직접 물어보는 것이 상대방의 자살 사고를 일으키지 않으며 살릴 기회를 더 얻기 위해서라도 추측하지 말고 물어봐야 한다. 특히 눈에 띄는 징후들이 있다면 그 징후들을 나열하면서 자살에 대해 물어보는 것이 좋다.

　③ Listen: 만일 그렇다고(자살을 생각) 한다면 이제는 들어주기만 하면

된다. '나는 지금 경청하고 있고, 중요성을 깨닫고 있다.'라는 메시지를 표현하는 것이 중요하다.

④ Keep safe: 전문가에게 연결시켜야 한다. 자살과 자해의 위험이 있는 인원을 절대 혼자 둬서는 안 되고, 전문가에게 도움을 요청해야 한다. 만일 상대방이 도움이 필요 없다고 할 경우 "난 당신을 잃고 싶지 않다."고 진심을 전하며 계속 시도해야 한다.

출처: 기독교 정보은행(2012).

3) 자살 우려자 관리

관리는 식별된 자살 우려자를 자살위험 정도와 개인 특성에 맞는 계획을 수립하여 관리하여 자살위험을 해소하고 자살 발생을 예방하는 것이다. 등급별 조치사항과 개인 특성을 고려 부대실정에 맞게 계획을 수립한 후 관리하는 것이 핵심이다.

〈표 7-9〉 자살 우려자 등급별 조치사항

구 분	관리 방법
A급	• 전담인원 선정 등 이상유무 확인 대책 강구 • 자살수단 제거 및 접근통제 • 상담관 지속 상담, 정신과 진료 및 입원 조치 * 필요시 정신과 진료와 지속 상담 병행 • 가족과 연락 및 협조 • 보직 조정 등 촉발 요인 해소 조치 • 비전캠프(그린캠프) 입소 조치 • 현역복무 부적합 처리

B급	• 전담인원 선정 등 이상유무 확인대책 강구 • 상담관 상담, 정신과 진료 • 필요시, 비전캠프(그린캠프) 입소 조치 • 심리상태 지속 확인, 등급조정 조치
C급	• 상담관 상담 조치 • 심리상태 지속 확인, 등급조정 조치

출처: 국방부(2013).

전담 인원 등 이상 유무 확인 대책 강구 전담 인원은 자살 우려자가 신뢰하는 동료, 선임병, 간부 중 책임감 있는 인원으로 선정한다. A급 등 자살위험이 심각한 자살 우려자는 24시간 상시 관찰대책을 강구하여야 한다.

자살 수단 제거 및 접근 통제 자살 우려자 주변에서 칼, 밧줄, 약물 등의 자살 수단을 제거해야 하는데, 그중에서도 총기는 군내에서 가장 치명적인 자살 수단이므로 자살 우려자의 총기 휴대와 접근을 일체 통제해야만 한다. 또한 체육관 및 창고 등 자살시도 가능 장소에 대한 접근 통제 대책(잠금장치, CCTV 설치, 간부 및 동초 순찰코스 편성 등)을 강구한다.

비전·그린캠프, 정신과 병원 등 전담기관에 조치 자살 우려자는 부대에서 분리해 전담기관에서 관리토록 우선 조치한다. 사전에 입소시켜 입소 취지 및 프로그램 등을 설명하고, 개인 동의하에 조치를 하는 것이 효과적이다. 또한, 개인 특성을 고려하여 비

전·그린캠프, 정신과 병원 등을 선정한다. 병영생활 전문상담관
이나 군종장교, 정신과 전문의 등의 의견을 포함하여 선정하면 효
과적이다.

입소대기 등 전담기관에서 조치 제한 시 부대장 책임하 자대에서
관리   주변 동료 및 간부가 자살 우려자를 도울 수 있도록 자살예
방교육을 우선 실시한다. 병영생활 전문상담관, 정신과 전문의 등
전문가에 의한 치료를 신속하게 제공하고, 지속적인 관찰과 면담
으로 자살 우려자의 신상 변동사항을 확인해야 한다. 자살 위험요
인의 발생과 변화를 중점적으로 파악하되 지적 및 훈시 등의 부적
절한 언행으로 자살 우려자를 자극하지 않도록 유의해야 한다. 관

【생각해 봅시다!】 병장도 자살을 하나요

전방부대에서 근무할 때의 일이다. 새 부대로 전입간 지 얼마 안 되어서
전역 4개월을 앞둔 박 병장을 만나게 되었다. 상담하면서 불안한 모습이 보
이기도 했으나 전역을 눈앞에 두었기에 별문제가 없을 것이라고 생각하여
적극적인 조치를 하지 않았다. 해당 부대 지휘관 역시 병장이라는 이유로 크
게 신경을 쓰지 않았다.

그런데 몇 주 후 박 병장은 부대 내에서 스스로 목숨을 끊었다. 상담자나
지휘관, 그리고 선·후임 부대원들도 너무나 큰 충격을 받았다. 이 뼈아픈
경험을 통해 상담 중 위험 요소가 감지되면 매우 적극적으로 조치하는 습관
을 갖게 되었다.

출처 : 육군본부 군종실(2013).

찰 및 면담 결과는 반드시 기록하고 향후 관리 계획에 반영한다. 자살 우려자의 개인 신상과 특성에 따라 부모·애인·친구들과 연계하여 입체적으로 관리해야 하며, 자살 우려자의 휴가 등 출타 기간에 추가적인 관리 대책(이메일, SNS, 전화 등을 통한 지속적인 접촉 유지, 필요시 부모 동반하에 복귀 권고 등)을 강구하여야 한다.

4) 자살 우려 간부 관리

간부 자살의 특성을 우선 이해해야 한다. 간부의 경우 환경적 요인이 아닌 개인적 요인에 의한 자살이 대다수다. 초급 간부의 경우 복무 부적응, 중견 간부는 금전 및 이성 문제, 가정불화 등이 주요 원인으로 작용한다. 간부의 경우 병사들과는 달리 상담관 면담이나 정신과 진료 등에 소극적이고 거부 반응을 보이기도 한다. 요즘 초급 간부뿐만 아니라 중견 간부의 자살도 증가하는 추세인데, 간부의 경우 평소 전혀 식별되지 않고 자살이 발생하는 사례가 다수 발생하기 때문에 더욱 주의해야 한다.

사전에 간부의 자살 사고를 예방하기 위해 평소 각 부대에서는 자살 예방 책임자를 임명하고 예방 활동 전담 임무를 부여해야 한다. 자살 예방 책임자는 간부들로부터 신뢰받고 책임감 있는 간부로 임명하되 가용 시 자살 예방 교관화 교육 이수자 중에서 선발하고, 미이수자는 임명 후 반드시 교육 조치를 해야 한다. 또한, 전문상담관에 의한 상담과 정신과 진료 등 최대한의 여건을 보장해 주어야 하는데, 간부의 경우 특히 보직·진급 등 인사상 불이익에 대한 고민 해소가 병행되어야 하고, 비밀보장을 철저히 지켜야 한다. 이러한 노력에도 자살위험이 해소되기 어렵다고 전문적인 소견으로 판단되는 인원은 병사와 마찬가지로 신속히 현역 부적합 처리를 조치해야 한다.

5) 자살자 주변 전우들의 충격 관리

군대에서의 자살은 자살자 주변 가족, 친지, 친구들뿐 아니라 함께 근무하고 있는 전우들에게까지 충격적인 부정적 영향을 미친다. 특히 자살자 주변 부대원들에게 자살 사고는 심각한 외상 경험으로 남아 군 생활 적응에 심각한 영향을 줄 수 있다.

송경재와 정신영(2014)은 실제 자살 사고가 발생한 부대원들을 인터뷰하여 그 내용의 의미를 분석하였다. 그들의 진술문 중 의미 있는 문장을 추출하고 범주화하여 자살 주변 장병들을 힘들게 하는 위험 요인과 해결을 돕는 보호 요인을 제시하였다. 위험 요인으로는 '현실 부인' '고인에 대한 원망' '군 복무 의욕 상실', '후회(망자에 대한 미안함)' '고통스러운 기억의 반복'이 도출되었다. 반대로 부대원들이 사고 충격을 해결하기 위해 사용한 보호 요인으로는 '사고를 잊으려는 노력' '상담 및 동료들과의 대화' '고인에 대한 추억 회상과 넋 위로' 등으로 나타났다.

현재 우리 군은 자살 사고 부대원들에 대한 체계적 지원 시스템이 미미한 실정이다. 사고조사 과정에서 부대원들의 심리적 고통 수준을 고려하지 않고 사고 경위만을 파악하는 활동에 초점이 맞춰져 있는 것이 현실이다. 이는 해당 부대원들에게 2차적 상처를 입게 하여 부대의 사기를 저하시킬 수 있다. 송경재와 정신영(2014)의 연구를 보면, 실제 연구 참여자들이 조사 과정에서 심한 죄책감을 느끼거나 "마치 죄인이 된 것 같은 기분이 들었다." "자꾸 떠올리게 하는 과정이 너무 힘들었다."라고 호소하는 것을 확인할 수 있다. 즉, 조사 과정에서 발생하는 2차적 상처가 심리적 고통을 더하고 군 복무에 부정적 영향을 줄 수 있음을 시사한다.

자살 사고가 발생한 부대는 오랜 시간(사고 당시 이등병이 전역할 때까지) 전투력을 회복하기 어렵다. 군대에서의 자살은 한 개인의 상처를 넘어 국가 안보에도 영향을 미치는 일이다. 지휘관들은 사고의 충격을 최소화하기 위해 부대원들을 함구시키려는 경향이 있다. 그러나 전투력을 회복하기 위해서는 상담과 심리치료, 부대원들 간의 대화 촉진, 부대원들의 장례의식(ritual) 등 적극적 행위를 해야 한다. 특히 사고 조사를 위해 많은 팀이 부대에 들어오게 되는데, 상급부대 및 조사기관 지휘관은 조사팀의 규모와 범위를 적절히 통제하여 사고 부대원들의 충격(PTSD)이 조사 과정을 통해 확대되지 않도록 도와야 한다. 또한, 상담 전문가들로 구성된 '위기개입팀(TF)'을 운영하여 자살자 주변 장병의 심리적 문제를 해결하는 데 최선을 다해야 한다.

【생각해 봅시다!】 현역복무 부적합 처리절차－대대급

① 대대장 판단으로 등급의 심각성 판단 / 상급부대(연대 및 사단)

② 사단

- 행정부사단장을 위원장으로 하여 심의: 상담소견서, 진료기록, 생활 기록부 등 참조
- 의결

③ 바로 군사령부로 보고

④ 군사령부 인사처(처장 준장)에서 재심의 / 결정

※ 다른 방법

- 군단의 상시 그린캠프 참여 / 상담 ⇒ 이곳의 결과는 매우 유용한 자 료로 활용
- 군사령부 직송 ⇒ 인사처 결정

※ 주의할 점: 상담자는 '전역'이라는 말을 절대 하지 말 것!

- 내담자의 저항과 무기력 극대화, 전역 동기화

※ 전역 이후

- 주민등록 초본(병적용)에 '현역 부적합 전역'으로 명시, 전역 사유 까지 명시
- '의병 전역'과는 다른 개념: 군의관 처방 및 보상도 가능

참/ 고/ 문/ 헌/

고려대학교 집단상담 워크숍(2009). 집단 상담의 이해. 서울: 고려대학교

국방부(2011). 선 간부 의식전환을 위한 능력육성 상담교육(초급간부용). 서울: 국방부.

국방부(2013). 군 자살예방 종합매뉴얼. 서울: 국방부.

기독교 정보은행(2012). TALK, 두드리면 자살 막을 수 있어요.

김계현, 왕은자(2009). 진로상담: 기업상담 효과에 대한 세 관련 주체(내담자, 관리자, 상담자)의 인식. 한국상담학회, 10(4), 2115-2135.

김완일(2008). 군상담 모형 탐색 연구. 한국심리학회지, 20(2), 221-241.

김창대(1994). 상담과학의 문화적 맥락. 청소년 상담연구, 제2호, 19-41.

머니투데이(2015. 9. 8). 돈없고 몸 아프고 공부 못해서…… '자살률 1위' 한국의 슬픈현실.

서경원(2007). 신세대 병사의 자살사고 실태와 예방 대책에 관한 연구. 경원대학교 석사학위논문.

손영철(2009). 군상담 이렇게 합니다. 서울: 시그마프레스.

송경재(2011). 한국적 의사소통 교육 프로그램 개발과 효과: 군 장병을 대상으로. 고려대학교 심리학과 박사학위논문.

송경재, 이종형, 김희철, 윤태웅, 박유진, 박준형, 이은희, 배기완(2013). 리더십
　　과 상담. 서울: 정음사.

송경재, 정신영(2014). 군대 내 자살 주변 장병의 외상경험에 관한 연구. 3사논
　　문집 제80호. 99-110.

육군본부 군종실(2013). 초급 간부들이 반드시 알아야 할 10가지 상담 Know-
　　How. 대전: 육군본부.

육군본부(2003). 지휘 통솔. 대전: 육군본부.

육군 인트라넷 홈페이지(2002). 장병 인터넷 중독 진단체계.

위보한(1994). 군 조직 내의 의사소통 효율화에 관한 연구. 동국대학교 석사
　　학위논문.

이영곡(1996). 군 조직의 효율적 의사소통에 관한 연구. 경남대학교 석사학위
　　논문.

이장호(2005). 내담자 방어성숙도, 상담자 개입 및 상담성과 간의 관계. 한국심
　　리학회지 상담 및 심리치료, 17(1), 91-110.

이장호(2005). 상담심리학. 서울: 박영사.

이형득(2009). 상담의 이론적 접근. 서울: 형설출판사.

이형초, 심경섭(2006). 인터넷 중독 완전정복. 서울: 시그마프레스.

정신영, 이동귀(2011). 자살 위험 병사들의 심리특성 연구. 상담학연구.

청소년상담사 수험연구소(2015). 청소년 상담사 2급. 서울: ㈜시대고시 기획.

최병순(2010). 군 리더십: 이론과 사례를 중심으로. 서울: 북코리아.

최상진(2000). 한국인 심리학. 서울: 중앙대학교 출판부

최정윤(2010). 심리검사의 이해. 서울: 시그마프레스.

하상훈(2014). 육군 3사관학교 리더십 세미나 자료.

한국국방연구원(2013). 신인성검사 검사해석 및 활용.

한국국방연구원(2013). 관계유형검사 안내자료-사용자 매뉴얼-.

한승호, 한성열 역(2011). 카운슬링의 이론과 실제. 서울: 학지사.

홍경자(2008). 상담의 과정. 서울: 학지사.

Avolio, Bruce J. (2005). *Leadership development in balance*. New Jersey: Mahwah, N. J.

Carl Rogers (2009). 진정한 사람되기-칼 로저스의 상담의 원리와 실제-(*On becoming a person*).(주은선 역). 서울: 학지사.

Clara E. Hill. (2011). 상담의 기술(*Helping skills: facilitating exploration, insight, and action*). (주은석 역). 서울: 학지사.

Ebbinghaus (1897). *Developed a children's intelligence test*.

Edwin S. Shneidman.(2014). 에드윈 슈나이드먼 박사의 심리부검 인터뷰 (*Autopsy of a suicidal mind*). (조용범 역). 서울: 학지사.

Hood. A. B., & Johnson. R. W. (1997). *Assessment in counseling*, American Counseling Association.

Ivey. Allen E, Eric (1968). *Micro-counseling and attending behavior: an approach to pre-practicum counselor training*.

Mehrabian (1971). *Silent message*. New York: McGraw-Hill.

O'connor, Joseph., & Symour, John. (1996). 새 심리치료 개론(*Neuro-linguistic programming*). (전경숙 역). 서울: 하나의학사.

Rohde, A. (1946). Explorations in personality by the Sentence Completion Method. *Journal of Applied Psychology, vol. 30*, pp. 169-181.

Shneidman, Edwin S. (1993). *Sucidology: essays in honor Edwin S. Shneidman*. New Jersey: Northvale, N. J.

Stanley L. Brodsky (2013). 비자발적 내담자와 상담하기(*Therapy with Coerced and Reluctant Clients*). (이규미, 손강숙 역). 서울: 시그마프레스.

Tendler, A. D. (1930). A preliminary Report on a Test for Emotional Insight. *Journal of Applied psychology, Vol. 14*, pp. 123-136.

찾/ 아/ 보/ 기/

저자소개

▶▷ 송경재(Song, Kyung-jae, ktmapsy@korea.ac.kr)

강원대학교 심리학과를 졸업하고 ROTC 37기로 임관하였다. 고려대학교 대학원에서 심리학 석사와박사학위를 취득한 후 육군3사관학교 리더십센터장과 교육정보지원센터장을 역임하였다. 현재 육군3사관학교 상담심리학과 교수로 재직 중이고, 한국 상담학회 산하 한국군상담학회 학술위원장, 홍보위원장, 군 상담위원장 등 여러 학회 활동과 함께 대구·경북지역 대테러협상 자문위원 등 대외기관 협력에도 힘쓰고 있다.

주요 논문으로는 「한국적 의사소통 교육 프로그램 개발과 효과」(고려대학교, 2011), 「군대 내 자살 주변장병의 외상경험에 관한 연구」(공저, 3사논문집, 2014) 등이 있고, 현재 병영문화 혁신 분야와 심리전 관련 연구활동을 진행하고 있다.

▶▷ 정신영(Jeung, Shin-young, jeung016@hanmail.net)

2003년 학사장교로 임관하여 야전에서 소대장 및 중대장, 참모 업무를 수행 후, 연세대학교 심리학 석사학위를 취득하였다. 2013년부터 3년간 육군3사관학교 상담심리학 교수로 재직하였고, 현재는 전역 후 연세대학교 상담심리학과 박사과정 중에 있다.

주요 논문으로는 「자살 위험 병사의 심리특성 연구」(연세대학교, 2012) 「자살시도 병사의 위험요인과 보호요인에 관한 개념도 연구」(공저, 한국상담학회지, 2012) 등이 있다. 현재 박사과정 수학과 더불어 상담관련 논문 및 저서 등을 집필하고 있다.

▶▷ 김민종(Kim, Min-jong, tbvjxjvm@korea.ac.kr)

　　육군사관학교 58기로 임관하여 포병장교로 전방에서 임무 수행 후, 고려
대학교 대학원에서 문화심리학 석사학위를 받았다. 2015년부터 현재까지
육군3사관학교 상담심리학과 교수로 재직 중이고, 상담관련 박사학위 및
자격증 취득을 준비하고 있다.

　　주요 논문으로는 「군대 내의 집단 여가활동과 자기 결정성 및 집단 응집
력 간의 관계」(고려대학교, 2008) 등이 있다. 현재 군 상담정책 및 군 심리
검사 관련 연구활동을 진행하고 있다.

▶▷ 이종형(Lee, Jong-hyung, samsa19@hanmail.net)

　　육군3사관학교 19기로 임관하여 보병장교로 전방에서 임무 수행 후, 고
려대학교 대학원에서 산업심리학 석사, 경북대학교 대학원에서 인지심리
학 박사학위를 받았다. 이후 육군3사관학교 상담심리학과 교수 및 교학과
장, 생활지도과장 등을 역임하고, 현재 교무처장 임무와 동시에 후학 양성
에 매진하고 있다.

　　주요 논문 및 저서로는 「자살생존 장병의 외상 후 경험에 관한 연구」(공
저, 3사논문집, 2014), 「리더십과 상담」(공저, 2013, 정음사) 등이 있다. 현
재 군사심리학 관련 논문 및 저서 등을 집필하고 있다.

군 리더와 병영 상담
The Leader & Counseling in Military

2016년 2월 25일 1판 1쇄 발행
2021년 7월 20일 1판 6쇄 발행

지은이 • 송경재 · 정신영 · 김민종 · 이종형
펴낸이 • 김 진 환
펴낸곳 • (주) **학지사**

      04031 서울특별시 마포구 양화로 15길 20 마인드월드빌딩 5층

대표전화 • 02) 330-5114　　팩스 • 02) 324-2345

등록번호 • 제313-2006-000265호

홈페이지 • http://www.hakjisa.co.kr
페이스북 • https://www.facebook.com/hakjisabook

ISBN 978-89-997-0862-6 93180

정가 14,000원

이 도서의 국립중앙도서관 출판시도서목록(CIP)은 서지정보유통지원시스템
홈페이지(http://seoji.nl.go.kr)와 국가자료공동목록시스템(http://www.nl.go.kr/kolisnet)
에서 이용하실 수 있습니다.
(CIP제어번호: CIP2016001400)

출판 · 교육 · 미디어기업 **학지사**

간호보건의학출판 **학지사메디컬** www.hakjisamd.co.kr
심리검사연구소 **인싸이트** www.inpsyt.co.kr
학술논문서비스 **뉴논문** www.newnonmun.com
원격교육연수원 **카운피아** www.counpia.com

현대 심리치료와
상담 이론
−마음의 치유와 성장으로 가는 길−

서울대학교 권석만 저

2012년
4×6배판 · 양장 · 552면 · 22,000원
ISBN 978−89−6330−926−2 93180

3판
상담심리학의
이론과 실제

천성문 · 이영순 · 박명숙 ·
이동훈 · 함경애 공저

2015년
4×6배판 · 양장 · 544면 · 20,000원
ISBN 978−89−997−0612−7 93180

상담심리학

Samuel T. Gladding 저
노성덕 · 김호정 · 이윤희 ·
윤은희 · 채중민 · 김병관 공역

2014년
4×6배판 · 반양장 · 776면 · 25,000원
ISBN 978−89−997−0268−6 93180

상담의 이론과 실제

김춘경 · 이수연 · 이윤주 ·
정종진 · 최웅용 공저

2010년
4×6배판 · 양장 · 520면 · 19,000원
ISBN 978−89−6330−517−2 93180

개정증보판
적용영역별 접근
상담심리학

서울대학교 김계현 저

1997년
4×6배판 · 양장 · 536면 · 18,000원
ISBN 978−89−7548−187−1 93180

상담의 기술
−탐색 · 통찰 · 실행의 과정−

원서 3판

Clara E. Hill 저
덕성여자대학교 주은선 역

2012년
4×6배판 · 양장 · 552면 · 20,000원
ISBN 978−89−6330−813−5 93180

상담자의 지혜
−13인의 심리학자가 들려주는
상담의 지혜−

노안영 저

2011년
신국판 · 반양장 · 448면 · 14,000원
ISBN 978−89−6330−698−8 93180

상담자가 된다는 것

Jeffrey A. Kottler 저
이지연 · 황진숙 공역

2014년
신국판 · 반양장 · 456면 · 17,000원
ISBN 978−89−997−0319−5 03180

학지사는 깨끗한 마음을 드립니다

유능한 상담자의
심리치료
−내담자에게 집중하라−

Scott D. Miller · Barry L. Duncan ·
Mark A. Hubble 공저
김희정 · 조민아 · 송소원 ·
장석진 · 이정화 공역

2009년
신국판 · 양장 · 328면 · 14,000원
ISBN 978-89-6330-183-9 93180

상담의 디딤돌
−새내기 상담자들을 위한
  가이드라인의 정석−

Scott T. Meier · Susan R. Davis 공저
유성경 · 이동렬 공역

2015년
신국판 · 양장 · 288면 · 14,000원
ISBN 978-89-997-0563-2 93180

상담입문자를 위한
상담기법 연습

천성문 · 차명정 · 이형미 · 류은영 ·
정은미 · 김새경 · 이영순 공저

2015년
크라운판 · 반양장 · 272면 · 15,000원
ISBN 978-89-997-0630-1 93180

초보상담자를 위한
정신역동 상담
−상담자와 내담자의 감정 다루기−

Karen J. Maroda 저
허재홍 · 진현정 · 박명희 공역

2014년
크라운판 · 반양장 · 416면 · 19,000원
ISBN 978-89-997-0300-3 93180

사례개념화
−원리와 실제−

Pearl S. Berman 저
이윤주 역

2007년
크라운판 · 반양장 · 328면 · 14,000원
ISBN 978-89-5891-492-1 93180

상담실무자를 위한
사례개념화
−이해와 실제−

Len Sperry · Jonathan Sperry 공저
이명우 역

2015년
크라운판 · 반양장 · 296면 · 17,000원
ISBN 978-89-997-0316-4 93180

칼 로저스 상담의 원리와 실제
진정한 사람되기

Carl R. Rogers 저
주은선 역

2009년
크라운판 · 양장 · 472면 · 19,000원
ISBN 978-89-6330-068-9 93180

칼 로저스의
사람−중심 상담

Carl R. Rogers 저
오제은 역

2007년
크라운판 · 양장 · 400면 · 17,000원
ISBN 978-89-5891-534-8 93180